PROJET

DES INSTALLATIONS MARITIMES

DU PORT DE LISBONNE

MÉMOIRE DESCRIPTIF ET JUSTIFICATIF

DES DISPOSITIONS ADOPTÉES POUR LES

TRAVAUX PROJETÉS

H. HERSENT

INGÉNIEUR CIVIL

ENTREPRENEUR DES TRAVAUX PUBLICS

A PARIS

PARIS DÉCEMBRE 188

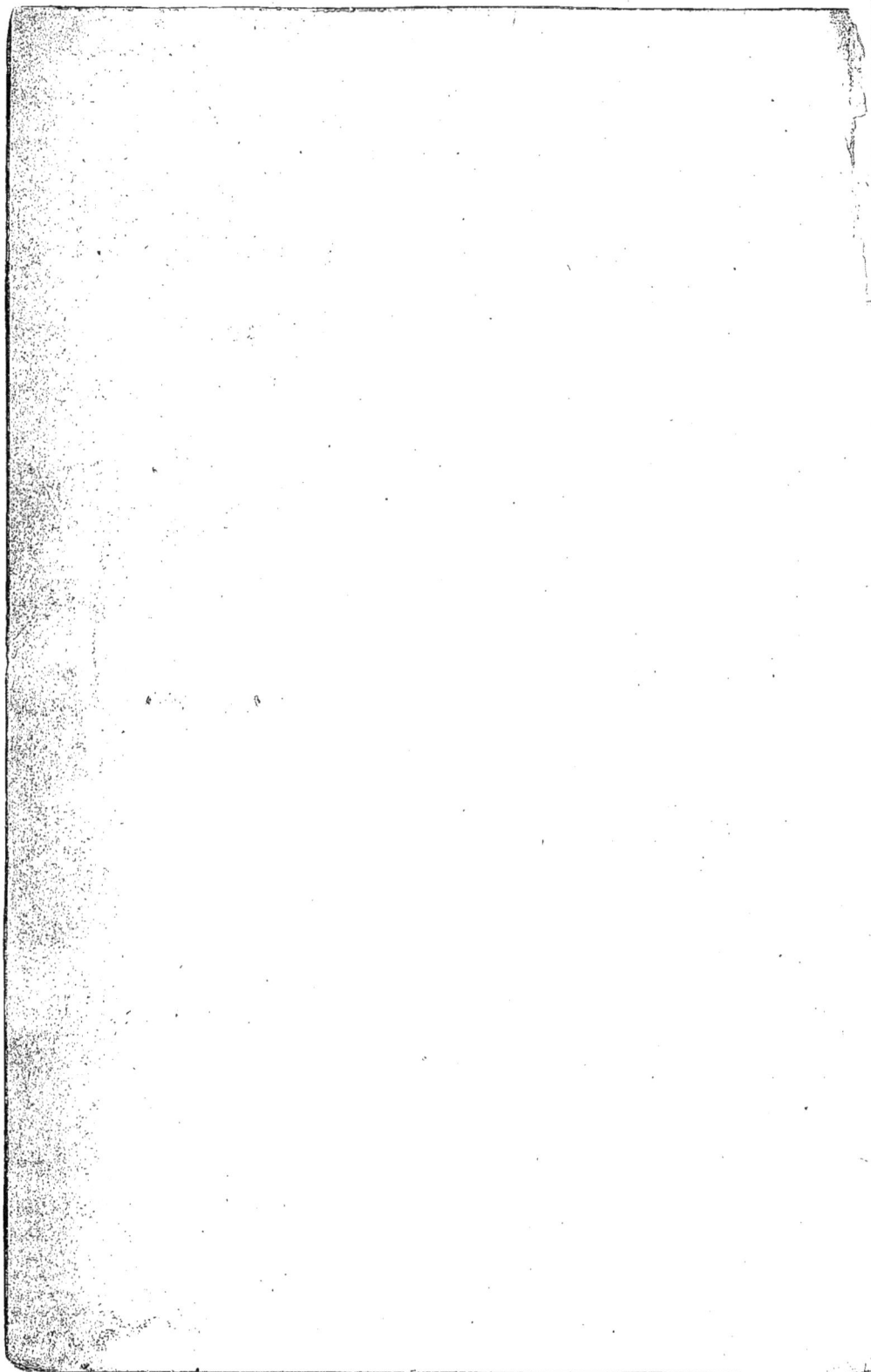

PROJET

DES INSTALLATIONS MARITIMES

DU PORT DE LISBONNE

———◆———

MÉMOIRE DESCRIPTIF ET JUSTIFICATIF

DES DISPOSITIONS ADOPTÉES POUR LES

TRAVAUX PROJETÉS

———◆———

H. HERSENT

INGÉNIEUR CIVIL

ENTREPRENEUR DE TRAVAUX PUBLICS

A PARIS

———◆———

PARIS – DÉCEMBRE 1885

EXPOSÉ

Description sommaire. Le port de Lisbonne, situé à l'embouchure du Tage, possède l'une des plus belles rades naturelles d'Europe. Son tirant d'eau suffit aux plus grands navires; la tenue des ancres y est bonne et l'abri est suffisant pour opérer les transbordements. A part quelques jours, chaque année, où des vents du sud-est et du sud-ouest produisent de la houle et empêchent tout travail, les navires ne courent aucun danger et il est assez rare que la sécurité des « fregatas », qui sont utilisées aux travaux de transbordement, soit menacée. Quand cela arrive, ces embarcations doivent aller chercher ailleurs un abri que la rade ne possède pas actuellement.

Mouvement maritime. Dans ces derniers temps, le trafic du port de Lisbonne a suivi la marche ascensionnelle du développement général de la navigation maritime à vapeur, et l'examen de la progression qu'on a observée fait prévoir, pour l'avenir, des augmentations importantes.

Son trafic général, en 1874, avait été de 966,431 t^x. Il a été, en 1883, de 615,000 t^x environ, à l'entrée, et d'autant à la sortie : soit environ 1,230,000 tonnes. Les marchandises débarquées et embarquées, pendant cette année, peuvent être classées comme suit :

Importation

Marchandises pour consommation	468.129 tx	
Marchandises destinées à être réexportées. . .	123.953	
Importation totale.		592.082 tx

Exportation

Produits nationaux.	344.690 tx	
Produits étrangers	123.953	
Exportation totale.		468.643
Cabotage (entrées et sorties)	141.583	
Divers	67.013	208.596
Total.		1.269.321 tx

A déduire :

Mouvement des délégations de la douane de Lisbonne. . . .		31.297
Total du mouvement maritime du port de Lisbonne. .		1.238.024 tx

Ce mouvement général pourrait être développé surtout par des installations mieux appropriées, permettant aux navires d'exécuter plus rapidement, plus économiquement leurs opérations et, par suite, de faire pénétrer plus vite la marchandise à l'intérieur ou, inversement, d'en faciliter la sortie.

La différence de prix, qui sera la conséquence d'une meilleure organisation et d'une plus grande sécurité, fournira l'élément principal de l'augmentation future du trafic et du mouvement commercial de la place de Lisbonne.

Actuellement, le port de Lisbonne n'a, comme installations maritimes, que les quais qui défendent le rivage et, pour les petites embarcations et les « frégatas », des estacades devant la douane. Le chemin de fer possède deux appontements spéciaux pour son usage à peu près exclusif, devant lesquels l'eau manque.

L'insuffisance du port est trop démontrée pour qu'il soit utile d'insister. Aussi le gouvernement s'est-il préoccupé des améliorations à apporter à cet état de choses. Il a nommé plusieurs commissions, composées des personnages les plus compétents du Royaume, qui ont eu à apprécier les conditions nautiques de la rade, à énumérer les améliorations à faire et, enfin, à tracer le programme de ce qui devrait être réalisé pour mettre Lisbonne dans d'aussi bonnes conditions que les ports les mieux organisés.

Le rapport de la dernière commission, daté du 6 mars 1884, publié par Monsieur le Président du Conseil des Ministres, est la base du programme du concours actuel.

Le présent Mémoire et les plans qui y sont annexés définissent, d'une manière générale, notre appréciation sur les ouvrages qu'il convient de construire dès à présent. Ces ouvrages suffiront à tous les besoins maritimes et commerciaux, pendant une période assez longue pour que l'expérience, qu'on en aura faite, justifie en même temps leur utilité, leur agrandissement ultérieur et les modifications qu'il pourrait être nécessaire d'y apporter.

Paris, 15 décembre 1885.

H. HERSENT

PROGRAMME

POUR LE CONCOURS DU PROJET DÉFINITIF

DE LA PREMIÈRE SECTION

DES TRAVAUX DU PORT DE LISBONNE

« ARTICLE PREMIER. — *Le projet définitif, auquel se réfère ce*
» *programme, comprendra, aux termes de l'article premier de la loi du*
» *16 juillet de la présente année : quais, ponts tournants, docks de*
» *chargement, déchargement et réparation, machines et grues hydrau-*
» *liques, estacades flottantes, voies ferrées et autres accessoires pour le*
» *service du port; il se compose des pièces suivantes :*

» *1° Carte générale à l'échelle de 1/5000, séparément cotée, de*
» *tous les travaux concernant la première section du plan général*
» *des améliorations du port de Lisbonne, proposé par la commission*
» *nommée le 16 mars 1883;*

» *2° Profil longitudinal de tous les quais et môles à l'échelle de*
» *1/5000 pour les distances horizontales et de 1/500 pour les distances*
» *verticales;*

» *3° Profils transversaux des mêmes quais et môles, à l'échelle*
» *de 1/500, tant pour les distances horizontales que pour les*
» *distances verticales;*

» *4° Dessins spéciaux de chacun des travaux à exécuter, à*
» *l'échelle de 1/100 pour ceux d'une étendue inférieure à 100 mètres*
» *et de 1/200 pour ceux d'une étendue supérieure;*

» *5° Détails des différents travaux aux échelles de 1/10 ou de*
» *1/20;*

» *6° Mesurage général des différents travaux compris dans le*
» *projet;*

» *7° Devis descriptif et justificatif des travaux projetés.*

» *§ 1er. Dans le plan général dont traite le paragraphe premier*
» *de cet article, on tracera la ligne des plus grandes marées basses.*

» § 2. *Dans les profils longitudinaux et transversaux auxquels* » *se réfèrent les paragraphes 2 et 3, on tracera le niveau des plus* » *grandes marées basses et de l'étale.*

» Art. 2. — *La carte générale comprendra :*

» 1° *Un quai avancé accostable extérieurement par les plus grands* » *navires de commerce dans toute l'étendue de la première section, la* » *profondeur d'eau devant ce quai ne devant pas être inférieure à* » *10 mètres, dans les plus grandes marées basses ;*

» 2° *Des docks d'abri, de chargement et de déchargement pour* » *les navires de grande dimension, avec les môles nécessaires et quais* » *intérieurs devant avoir des profondeurs d'eau qui ne soient pas* » *inférieures à 7 mètres au-dessous du zéro hydrographique ;*

» 3° *Des docks d'abri, de chargement et de déchargement pour* » *les petits bâtiments ;*

» 4° *Deux docks de réparation ayant : le premier, 180 mètres de* » *long, 30 mètres de largeur d'entrée et pouvant, à volonté, être* » *divisé en deux ; le second, 90 mètres de long et 15 mètres* » *de largeur d'entrée. A ces docks seront joints les ateliers d'entretien* » *et de réparation. Il faudra réserver, entre eux, un espace nécessaire* » *pour un autre dock de réparation de grandes dimensions.*

» Art. 3. — *Tout l'espace conquis sur le lit du Tage, qui ne* » *sera pas employé pour les docks, sera comblé jusqu'au niveau du* » *couronnement des murs des quais.*

» Art. 4. — *On devra adopter les dispositions nécessaires, pour* » *que les services de l'arsenal de la marine ne soient pas entravés en* » *ce qui concerne les ateliers de construction et de lancement des* » *navires.*

» Art. 5. — *La largeur du terre-plein, du quai avancé au* » *front des grands docks, sera, pour le moins, de 100 mètres entre* » *les arêtes extérieures des deux murs qui les soutiennent. Tous les* » *autres terre-pleins auront une largeur suffisante pour l'établissement* » *des magasins, les manœuvres des grues, le service des voies ferrées* » *et la complète commodité et sûreté du transit. Le sol des premiers* » *terre-pleins ci-dessus mentionnés sera pavé sur une largeur d'au* » *moins 30 mètres à compter des arêtes des murs des quais ; les deux* » *autres seront pavés dans des proportions convenables pour la* » *nature des services auxquels il y aura lieu de pourvoir.*

» ART. 6. — *Les voies ferrées, pour le service des docks, devront*
» *avoir une largeur égale à celle des lignes qui aboutissent à Lisbonne*
» *(1ᵐ,67 entre les faces intérieures des rails), afin qu'elles puissent*
» *s'y relier aux raccordements des stations de Santa-Apolonia et*
» *d'Alcantara.*

» ART. 7. — *La continuité de la circulation ordinaire et de celle*
» *qui aura lieu par les voies ferrées sera obtenue au moyen de ponts*
» *métalliques aux entrées des docks, en adoptant pour ces ponts le*
» *système de manœuvre le plus perfectionné, de manière à permettre*
» *la prompte entrée et la prompte sortie des embarcations.*

» ART. 8. — *Les magasins projetés, qui doivent être placés le*
» *long des quais, seront du type le plus approprié à la facilité*
» *économique des manœuvres et à la sécurité des marchandises qui y*
» *seront déposées, en observant qu'ils doivent se prêter aux convenances*
» *de l'Administration de la Douane.*

» ART. 9. — *Les grues seront du système le plus perfectionné,*
» *mues par la presse hydraulique, en nombre et force suffisants pour*
» *le service du port, en supposant un mouvement de marchandises de*
» *1,500,000 tonnes de 1,000 kilogrammes par année. Pour le fonc-*
» *tionnement de ces grues il y aura des ateliers et accumulateurs*
» *hydrauliques convenables.*

» ART. 10. — *L'embarquement et le débarquement, pour les pas-*
» *sagers et marchandises, seront facilités au moyen de pontons flottants,*
» *munis de passerelles mobiles, qui devront être proportionnés à*
» *l'importance des points où ils seront établis.*

» ART. 11. — *Dans le mémoire descriptif et justificatif, auquel*
» *se réfère le paragraphe 7 de l'article 1ᵉʳ, on indiquera, pour les*
» *différents travaux : la nature et la quantité des matériaux à*
» *employer, les procédés de construction et les calculs de résistance*
» *et de stabilité.* »

Direction générale des Travaux Publics et des Mines, le 24 août 1885.

Le Directeur Général,

Signé : Joaquim-Simoés MARGIOCHI.

CHAPITRE PREMIER

Description sommaire des ouvrages projetés.

D'après le programme du concours, les travaux projetés pour la première section doivent être exécutés entre l'appontement inférieur du chemin de fer, situé en face de la gare du Nord-Est (Santa-Apolonia), et le ruisseau d'Alcantara. La nouvelle rive sera bordée de quais accostables, avec fonds de 10 mètres à basse mer. A l'intérieur, pour la manutention et la réception des marchandises, on construira des darses munies des installations les plus perfectionnées; ces darses devront offrir, en outre, les plus grandes facilités pour les opérations de douane (1).

Les sondages, exécutés par les soins de l'administration sous la direction de M. le général Moreira, fournissent les éléments du profil en long sur la ligne extérieure, ainsi que ceux des profils en travers, de telle sorte que les données générales du projet sont définies par :

1° Le plan de la ville, à l'échelle de 1/5000, sur lequel nous avons indiqué les quais, darses, cales et autres constructions;

2° Le profil en long de la nouvelle rive, sur la ligne d'emprise, indiquant l'épaisseur de terre ou vase recouvrant le rocher;

3° Les profils en travers indiquant les dispositions du sol au-dessus du rocher.

Ce sont ces très nombreux sondages qui forment la base de l'établissement du projet au point de vue de la construction.

Pour toutes les autres combinaisons, pour la disposition et la dimen-

---

(1) *Cette prescription pour les opérations de douane nous a rappelé que le port d'Anvers comptait comme un facteur important de son développement la suppression de l'Octroi (droit de ville pratiqué à Lisbonne) et la simplification des formalités de douane pour l'entrepôt et le transit. Nous croyons que l'exemple d'Anvers serait bon à suivre à Lisbonne, car les lenteurs, qui résultent de ces contrôles, coûtent souvent très cher et sont des causes d'encombrement.*

2

sion des darses, darsettes, etc., nous nous sommes inspiré, non seulement des besoins du moment, mais encore de ceux de l'avenir, que nous avons cherché à satisfaire, surtout par des perfectionnements.

Si on admet 250 tonnes par mètre de quai, il faudra 6,400 mètres de longueur pour répondre aux besoins du trafic, qui est en ce moment d'environ 1,600,000 tonnes.

Des dispositions meilleures et des moyens de manutention perfectionnés permettront, certainement, de dépasser 250 tonneaux de manutention annuelle par mètre de quai, sans compter tout le trafic qui se fera encore par transbordement, sans passage à quai (1).

Il importe beaucoup, pour l'économie du trafic et la facilité des opérations, que le port soit assez grand pour faire la classification des marchandises comme on est parvenu à la faire à Anvers, comme on la pratique à Londres, et comme on voudrait la faire au Havre et à Marseille, où les anciennes organisations produisent de sérieux inconvénients. Il faut donc, pour cela, un excédent de surface sur ce qui peut être considéré comme nécessaire.

A Lisbonne, le terrain étant disponible, il est, par conséquent, possible d'agir en toute liberté, en tenant compte des transformations nécessaires qui se produiront à mesure que le port s'améliorera et que son trafic augmentera. Mais, dès à présent, on doit considérer comme indispensable de fixer, au moins provisoirement, la destination des diverses parties du port, pour justifier les dispositions du projet.

L'ensemble des constructions projetées comprendra, pour la première période, une longueur de quais d'environ 9.489 mètres, dont 800 mètres pour l'arsenal et environ 500 mètres de talus en rampes utilisables à divers usages. (2)

---

(1) *Les 200 mètres de quai du chemin de fer ont reçu, en 1883 : 67 navires à vapeur et 69 voiliers qui ont embarqué 52.047 tonnes et en ont débarqué 5.891 ; soit 290 tonnes par mètre de quai.*

Nous croyons donc qu'au moyen d'agencements spéciaux, dont l'expérience a justifié la supériorité, il serait possible d'effectuer le trafic total du port de Lisbonne avec une longueur de quais ne dépassant pas 5 à 6,000 mètres, c'est-à-dire avec la longueur dont on pourra disposer sur la rive rectifiée du fleuve. Mais, avec cette disposition, la sécurité des navires ne serait pas assurée d'une manière absolue, et les intérêts en jeu ne seraient pas tous satisfaits ; aussi avons-nous cru utile de construire immédiatement plusieurs darses.

(2) *En raison de la dépense, il sera possible d'ajourner les parties dont l'utilité serait moins immédiate.*

Les nouveaux quais d'Anvers ont 3 kil. 1/2 de longueur sur l'Escaut.

1° *Quais extérieurs formant la nouvelle rive du Tage.*

Ils commenceront en amont, à l'appontement du chemin de fer, pour finir à Alcantara et seront distribués comme suit :

a. En face du chemin de fer, quatre ou cinq places de navires pour les relations directes de la mer au chemin de fer du Nord-Est et *vice versa*.

b. Entre le chemin de fer et l'arsenal, quatre ou cinq places de navires pour les marchandises à mettre directement à la douane ou dans les entrepôts divers de cette partie de la ville.

c. Entre l'arsenal et la roche d'Obidos, dix places pour navires faisant escale et pour le transbordement, avec magasins spéciaux sur le quai.

d. Entre la roche d'Obidos et Alcantara, dix places de navires charbonniers pour l'entrepôt et la consommation, avec magasins sur le quai ou à l'intérieur.

e. D'Alcantara jusqu'au ruisseau à endiguer, cinq places de navires pour les grains à mettre en entrepôt, pour les usines de meunerie ou autres industries à créer, avec accès direct à quai.

2° *Ouvrages intérieurs formant l'ensemble des darses d'abri et de manutention.*

a. En face des installations actuelles d'entrepôt et de la douane, il a paru utile de faire deux darsettes de 50 mètres de largeur, avec 200 mètres de longueur de quai sur la face, pour permettre, en l'améliorant, le trafic actuel « des fregatas » et, ultérieurement, celui des embarcations de petite et moyenne dimensions. Ces darsettes pourraient être terminées, à leurs extrémités, par des cales inclinées, pour l'accès des petites embarcations et le halage pour les réparations.

b. En face de l'arsenal, il y aurait nécessité de construire une petite darse par la continuation du quai de rive; elle permettrait d'abriter le matériel de la marine et en faciliterait la surveillance.

A l'intérieur, du coté Ouest, un quai de 100 mètres de longueur et un autre sur le front, entre le bassin de radoub et les nouvelles cales projetées, amélioreraient sensiblement les moyens de manutention.

Dans la darse, la marine aurait à sa disposition plusieurs postes de navires et, au dehors, elle en posséderait deux ou trois autres pour les grands vaisseaux.

On pourrait également, pour faciliter le passage de la voie, déplacer les deux cales de halage et les établir sur les agrandissements réalisés à l'Est.

Ces améliorations représenteraient une large compensation de la sujétion du passage du chemin de fer à travers l'arsenal auquel il pourrait être lui-même relié en avant des ouvrages actuels.

c. Nous croyons absolument utile de construire, en face du Marché aux Poissons, une petite darse qui permettra, aux barques de pêche, d'apporter, sans frais, leurs produits sur le carreau du marché. De plus, le matériel étant toujours à flot, sera dans de meilleures conditions d'entretien, d'abri, et pourra recevoir une plus grande utilisation.

d. Dans la partie la plus large de l'emprise, entre l'arsenal et la roche d'Obidos, il nous a paru nécessaire et convenable de construire une grande darse de 11 hect. 40 de superficie, avec quais verticaux permettant d'avoir neuf ou dix postes de grands navires, portant des marchandises diverses, ou de steamers faisant un service régulier entre les différentes parties du monde.

L'extrémité Ouest de cette darse serait réservée à l'accostage des navires Norwégiens ou Suédois, chargés de bois du Nord, qui débarquent ordinairement beaupré à quai. Pour faciliter le tirage de ces bois à terre, on construirait un talus incliné, que la marée recouvrirait; les voies ferrées y aboutissant permettraient d'exporter directement telles parties qu'on voudrait, sans entrer en magasin.

e. En face Alcantara, il nous a paru utile de ménager l'emplacement d'une darse spéciale, de 7 à 8 hectares de surface, pour les charbons, les pétroles et les matières diverses dangereuses et explosibles (1). A l'une des extrémités, vers Lisbonne, seraient installés, sur des terrains solides, les bassins de radoub avec leurs accessoires; l'autre extrémité pourrait être en talus plat pour permettre diverses manutentions imprévues.

La face vers le fleuve, ainsi que celle du côté des terres, seraient bordées de quais verticaux permettant l'accostage des navires; une partie de ces quais serait affectée à l'armement et munie, à cet effet, d'engins spéciaux pour l'embarquement et le débarquement de gros fardeaux, jusqu'à 50 tonnes.

---

(1) *Lorsque le trafic aura grandi, il est probable qu'on cherchera à faire un port spécial, sur la rive gauche, pour les pétroles.*

3° Installations pour l'entretien du Matériel naval et la réparation des avaries.

Les dimensions des deux bassins de radoub sont fixées, par le programme, à 180 mètres de longueur sur 30 mètres de largeur pour le plus grand, avec deux bateaux-portes pour son utilisation en deux parties, et, pour le second à 90 mètres de longueur sur 15 mètres de largeur. Quoiqu'il nous paraisse inutile de discuter sur ce sujet, nous ferons cependant remarquer que les dimensions du premier de ces bassins semblent être un peu exagérées. Les bassins des arsenaux français à Toulon, Cherbourg, Brest et Lorient, n'ont que 28 mètres de largeur en haut, 24 mètre près du radier, et les bassins les plus longs, pour les Transatlantiques, n'ont guère que 160 mètres de longueur.

Le bassin à flot de la citadelle, au Havre, possède trois petites formes de radoub qui rendent de très grands services ; cela nous fait croire qu'il y aurait plus d'intérêt pour le port de Lisbonne à réduire les dimensions du grand bassin de radoub et à en construire un plus petit que le second, pour porter leur nombre à trois, sans dépenser sensiblement plus d'argent.

Dans ce cas, les dimensions des trois bassins seraient respectivement :

Longueur libre	160^m	100^m	60^m
Largeur libre en haut	28^m	21^{m}06	13^m
Largeur libre en bas	24^m	19^{m}12	10^m

Ces bassins seraient desservis par des machines d'épuisement, d'assèchement et des ateliers de réparations.

Enfin, une cale de halage, pour les navires de faible tonnage, serait installée à côté du plus petit bassin. Elle serait munie de moyens spéciaux de mise à terre et de halage.

Pour favoriser l'entrée et la sortie des navires, il nous a paru préférable de faire ouvrir les bassins de radoub sur une darse, que de leur donner directement accès au fleuve.

4° Moyens de Levage et de Manutention pour les Quais et les Docks.

Pour les levages et les manutentions à faire dans le port entier, voire même dans les usines et magasins annexes, on devra organiser, dès l'origine des travaux, un compresseur et un accumulateur avec une machine à vapeur de 250 chevaux (1). Cette installation sera peut-être supérieure aux besoins pendant la première période, mais comme il faudra probablement l'augmenter plus tard, nous croyons qu'il sera prudent d'en prévoir l'agrandissement.

L'eau comprimée des accumulateurs sera distribuée, dans toute l'étendue du port, au moyen de conduites en fonte logées dans les aqueducs d'égout situés à la partie supérieure des murs de quai, de façon à pouvoir obtenir autant de prises qu'il sera nécessaire d'en établir, sur les quais ainsi que dans les magasins, pour la traction des wagons au moyen d'engins spéciaux, pour les diverses grues, les cabestans, les machines à mâter, etc.

5° *Voies de communication.*

La formation d'un grand terre-plein, en emprise sur la rive du Tage, permet de créer un chemin de fer, à double voie, parallèlement à la voie publique utilisée par les piétons et les voitures, et de desservir, très commodément, tous les points du port et des quais. Les deux grandes gares du Nord-Est et d'Alcantara seront naturellement réunies par ce moyen, et l'on pourra organiser un service local pour les voyageurs qui voudraient aller d'une gare à l'autre ou à l'un quelconque des points du port. Pour le service spécial du port, une voie particulière sera affectée à la circulation et au classement des marchandises.

Des voies de garage et de stationnement, pour wagons vides ou chargés, seront organisées partout où cela sera nécessaire, de façon à desservir convenablement tous les quais de rive et les darses. En un mot, on devra pouvoir exécuter rapidement, en un point quelconque du port, les manutentions telles que les besoins les commanderont.

6° *Appontements flottants pour l'embarquement et le débarquement.*

Pour permettre l'embarquement et le débarquement des voyageurs, es services locaux et ceux de la rade, nous croyons que quatre appontements seront utiles : le premier près de la station de Santa-Apolonia ; le deuxième en face de la place du Commerce (2) ; le troisième près de la place Romularès, au centre de la circulation ; et le quatrième près du grand terre-plein de la roche d'Obidos et de la gare d'Alcantara.

---

(1) A Anvers, la machine du bassin de l'Entrepôt peut développer 150 chevaux de force ; au bassin du Sud, deux machines, de 200 chevaux chacune, compriment l'eau à 50 atmosphères.

(2) L'appontement de la place du Commerce pourra être affecté spécialement au service du chemin de fer du Sud.

7° Utilisation des terrains conquis sur le Tage.

L'emprise à faire sur le fleuve fournira les surfaces de terrain nécessaires pour les quais, les darses et autres installations maritimes, les agrandissements importants de la Douane actuelle, et, au besoin, pour la construction de nouveaux entrepôts. Outre ces diverses utilisations, il restera encore des terrains de quelque importance, qui pourront être loués ou vendus, selon leur emplacement.

La surface d'emprise sur le lit du Tage sera approximativement de 122 hectares, dont 25 hectares sont destinés à des bassins, 40 hectares à des quais utilisables, 32 hectares aux voies ferrées, garages, places, rues et avenues, et 25 hectares à des constructions civiles, dont on pourra tirer parti en les vendant.

RÉSUMÉ APPROXIMATIF

Des dimensions des Darses et Quais résultant du projet élaboré.

OUVRAGES	DIMENSIONS PRINCIPALES			SURFACE		LONGUEUR DE QUAIS		TIRANT d'accostage	OBSERVATIONS
	Longueur	Largeur	Tirant d'eau	de quai	d'eau	totale	utile		
1° QUAIS EXTÉRIEURS									
Quai du Chemin de fer	757ᵐ,00	60ᵐ,00	8ᵐ,50	4ʰ,2600		757ᵐ,00	757ᵐ,00		
— de l'Entrepôt . . .	478ᵐ,00	25ᵐ,00	8ᵐ,50	1ʰ,1500		478ᵐ,00	478ᵐ,00		
— de la Douane . .	355ᵐ,00	25ᵐ,00	8ᵐ,50	0ʰ,9000		358ᵐ,00	358ᵐ,00		
— du Promenoir . .	225ᵐ,00	80ᵐ,00	8ᵐ,50	1ʰ,8000		225ᵐ,00	225ᵐ,00		
— de l'Arsenal . . .	408ᵐ,00	35ᵐ,00	8ᵐ,50	1ʰ,5000		408ᵐ,00	408ᵐ,00		
— du Débarcadère .	260ᵐ,00	60ᵐ,00	8ᵐ,50	1ʰ,5600		260ᵐ,00	260ᵐ,00		
— du Grand Cabotage	550ᵐ,00	40ᵐ,00	8ᵐ,50	2ʰ,2000		550ᵐ,00	550ᵐ,00		
— des Transatlantiq.	1040ᵐ,00	50ᵐ,00	8ᵐ,50	5ʰ,2000		1040ᵐ,00	1040ᵐ,00		
— aux charbons . .	540ᵐ,00	40ᵐ,00	8ᵐ,50	2ʰ,1600		540ᵐ,00	540ᵐ,00		
— aux vins, farines, etc.	320ᵐ,00	40ᵐ,00	8ᵐ,50	1ʰ,2800		320ᵐ,00	320ᵐ,00		
				22ʰ,0100		4936ᵐ,00	4936ᵐ,00		
2° OUVRAGES INTÉRIEURS									
Darsette de l'Entrepôt.	200ᵐ,00	50ᵐ,00	4ᵐ,00	1ʰ,0000	1ʰ,0000	417ᵐ,70	380ᵐ,00	50ᵐ,00	Pente de 0,100.
Darsette de la Douane.	200ᵐ,00	50ᵐ,00	4ᵐ,00	1ʰ,0000	1ʰ,0000	417ᵐ,70	380ᵐ,00	50ᵐ,00	d°
Darse de l'Arsenal. . .	200ᵐ,00	80ᵐ,00	7ᵐ,00	1ʰ,0000	1ʰ,0000	457ᵐ,70	420ᵐ,00	»	2 plans inclinés aboutissent dans cette darse.
Darse des Pêcheurs . .	325ᵐ,00	115ᵐ,00	5ᵐ,00	4ʰ,0300	3ʰ,8800	875ᵐ,00	765ᵐ,00	50ᵐ,00	Pente de 0,100.
Darse des Transatlantiq.	550ᵐ,00	190ᵐ,00	8ᵐ,50	6ʰ,0000	10ʰ,4000	1310ᵐ,00	1179ᵐ,00	180ᵐ,00	d°
Darse aux charbons . .	400ᵐ,00	100ᵐ,00	8ᵐ,00	4ʰ,5000	7ʰ,6000	1015ᵐ,00	720ᵐ,00	180ᵐ,00	3 bassins de radoub et un plan incliné ont leur entrée dans cette darse.
				17ʰ,5000	25ʰ,4000	4553ᵐ,10	3775ᵐ,00	510ᵐ,00	
RÉCAPITULATION									
Quais extérieurs				22ʰ,0100	»	4936ᵐ,00	4936ᵐ,00	»	
Ouvrages intérieurs.				17ʰ,5000	25ʰ,4000	4553ᵐ,10	3775ᵐ,00	510ᵐ,00	
TOTAUX				39ʰ,5100	25ʰ,4000	9489ᵐ,10	8711ᵐ,00	510ᵐ,00	

CHAPITRE II

Justification des dispositions du Projet.

Les sondages faits par les soins de l'administration, et qui nous ont été communiqués, permettent d'apprécier la nature du sol sur lequel les constructions seront à élever.

C'est en s'inspirant de ces sondages que nous avons songé à construire les bassins de radoub sur le sol rocheux calcaire d'Obidos, et à asseoir le quartier neuf sur le reste de cet emplacement. Au contraire, nous avons choisi, pour l'établissement des darses, les terrains moins solides et, par suite, plus difficilement utilisables pour les constructions. On rencontrera certains points où l'exécution des murs de quai des darses et des quais de rive présentera, sur une grande longueur, des difficultés qu'on ne saurait éviter, car les quais de rive et autres devront être construits, à de grandes profondeurs, sur des terrains présentant peu de résistance.

Ces murs de quai seront construits sur des caissons métalliques, foncés à l'air comprimé, comme on l'a fait, avec succès, à Bône, à Brest et, en dernier lieu, à Anvers, en tenant compte des difficultés afférentes à chaque nature de terrain.

Pour les endroits où le sol solide est à une grande profondeur, comme en face du Marché aux Poissons et de l'Arsenal, on devra recourir à des moyens spéciaux pour annuler la poussée des terre-pleins, de façon à pouvoir obtenir assez de stabilité pour les murs de quai fondés à des profondeurs inférieures à celles qu'indiquent les sondages pour le rocher. Pour les autres parties, vers le chemin de fer et Alcantara, où le terrain solide pourra être atteint par la fondation, la stabilité ne laissera rien à désirer ; mais, comme on doit quand même construire dans l'eau, l'emploi de l'air comprimé est encore préférable à tout autre système de construction. Ces difficultés spéciales du sol ont une grande importance au point de vue de la dépense, pour la construction des quais, mais nous sommes convaincu qu'on peut les résoudre pratiquement.

3

La ligne de rectification de la rive droite du Tage, que nous avons tracée sur le plan-programme de la Commission, limite bien l'emprise sur le fleuve telle qu'on se propose de l'exécuter. Nous croyons, néanmoins, qu'on pourrait, sans inconvénient, la rapprocher quelque peu de la ville pour économiser un cube appréciable de remblai, sans que la disposition générale fût sensiblement modifiée.

La profondeur d'eau prescrite devant les quais sera, sur quelques points, plus économiquement obtenue par dragages que par l'éloignement de l'emprise générale, et le danger d'atterrissements ultérieurs, devant les nouveaux quais, n'en sera pas augmenté.

Ce reculement ne dépasserait pas 10 à 15 mètres sur une grande partie de la largeur des nouveaux quais et donnerait une économie de 600,000 à 1 million de mètres cubes de remblai.

La ligne de rive, tracée sur le plan d'ensemble, est une courbe qui part de l'appontement du chemin de fer du Nord-Est, passe devant les installations de la douane ainsi que devant l'arsenal en en circonscrivant tous les ouvrages. A cet endroit, commencera une ligne légèrement convexe qui limitera la grande emprise sur le fleuve. Au delà d'Alcantara, jusqu'à la tour de Belem, nous croyons qu'on doit poursuivre, sans solution de continuité, la courbure convexe pour aboutir à un point situé à 100 mètres environ en arrière de la tour de Belem. On conserverait, de cette façon, pour les bains de mer, la plage de sable existant à cet endroit, et qui est d'une incontestable utilité, auprès d'une grande ville comme Lisbonne.

La courbure unique de la rive droite aura l'avantage de mieux établir le parallélisme des deux rives et, par suite, de mieux diriger la veine liquide, au flot comme au jusant.

En amont de l'appontement du chemin de fer, et jusqu'au « Beato », il y aurait intérêt à continuer l'emprise sur le fleuve pour former des terre-pleins en arrière de l'endiguement. Une partie servirait à donner de l'extension à la gare, et le restant pourrait être utilisé par les industriels qui désireraient s'établir près du chemin de fer et du fleuve.

Ces emprises de la rive droite auront pour effet de rétrécir un peu la largeur du fleuve en face de la ville, mais l'entrée du flot et la sortie du jusant n'en seront pas sensiblement modifiées; il en résultera seulement une petite augmentation de vitesse, près de la rive droite, et probablement un petit approfondissement.

Les éléments de colmatage, devant Lisbonne, n'ont pas d'importance, parce que les eaux du fleuve se sont décantées dans la mer de paille et que celles de la mer ne forment pas de dépôt. Les atterrissements par colmatage sont donc peu à redouter. Depuis très longtemps, du reste, ils n'ont qu'une valeur insignifiante, et, selon toute probabilité, ils diminueront encore, à mesure que la rive aura une direction mieux définie. Il est néanmoins probable que les darses creusées en arrière de la nouvelle rive, de même que les bassins à flot, qui sont sans communication avec la mer, s'envaseront un peu, mais cela ne pourra donner lieu qu'à un entretien de dragage peu coûteux. En ce moment, les relèvements du sol de la rive et le colmatage constatés devant l'arsenal résultent, en grande partie, des apports des égouts et des débris de toute sorte provenant des chargements et déchargements des navires fréquentant le port.

Nous croyons donc qu'une meilleure direction des courants de flot et de jusant, le long des quais, déterminera une légère augmentation de vitesse, à la rive, et écartera les dangers d'atterrissement ; de plus, dans les darses, le remplissage étant opéré par les eaux de flot, qui sont les plus propres, le colmatage sera presque nul.

Nous nous sommes demandé si ces bassins devaient être construits à niveau constant (bassin à flot), et fermés par une écluse ne s'ouvrant qu'au moment de la pleine mer, pour permettre l'entrée et la sortie, ou bien, s'il ne serait pas plus simple de faire **des darses** sans porte et en communication permanente avec le fleuve et la mer. Les marées ordinaires à Lisbonne étant d'environ 3 mètres, les plus hautes oscillations de la mer de 4m,50 environ, il nous a paru que les portes seraient un embarras plus grand que le profit à tirer du niveau constant de l'eau, et nous croyons que l'avantage de pouvoir circuler partout, librement et à toute heure, serait bien autrement intéressant pour le port. Nous proposons donc de **construire les darses sans portes et sans ponts**, pour que la circulation des navires soit permanente.

Il est possible que les darses donnent lieu à des dépenses d'entretien un peu plus grandes que les bassins à flot, mais la faculté, pour les navires, d'entrer et de sortir, à toute heure, compensera largement la différence de la dépense d'entretien due au colmatage.

Les darses et darsettes ont été projetées parallèlement à la rive, avec plus ou moins de profondeur, selon les emplacements disponibles. Elles sont disposées de façon à satisfaire chacun des besoins spéciaux du port, tout en donnant, aux installations actuelles, la meilleure utilisation possible. Nous avons réservé, pour l'avenir, des emplacements considérables en vue des modifications que l'expérience pourrait démontrer être nécessaires. L'entrée des darses a été partout disposée perpendiculairement à la ligne des quais avec un évasement important au dehors pour permettre d'entrer ou de sortir sans aucune difficulté, aussi bien de flot que de jusant, lorsqu'il n'y a que peu de courant, et même de pouvoir faire ces manœuvres

avec le courant, comme cela se pratique à Anvers. L'expérience déterminera les petites précautions à prendre à ce sujet par les pilotes, et il n'y
a nul doute, quant au succès, puisque cela se fait ailleurs (1).

Les deux darsettes de l'entrepôt, qui mesurent 200 mètres de longueur
chacune, nous ont paru répondre à toutes les exigences du moment et de
l'avenir, pour les manutentions à faire par les allèges et les petites embarcations, apportant ou prenant des marchandises dans les magasins déjà
établis.

On est disposé à croire, lorsque le port de Lisbonne sera mieux
outillé et que la plus grande partie du trafic se fera directement à quai,
qu'il n'y aura plus besoin d'autant de « fregatas » pour les manutentions
intérieures. Nous avons la conviction que c'est une erreur; nous pensons
que ces embarcations seront encore utilisées pour certains usages locaux
et pour les transbordements à contre-bord, qui prendront eux-mêmes plus
d'importance à mesure que le trafic augmentera.

La profondeur de ces deux darsettes n'a pas besoin de dépasser actuellement 4 mètres à basse mer; mais les quais devront être construits pour
permettre une plus grande profondeur. Il nous a paru nécessaire de faire
une rampe, ou plan incliné, à l'une des extrémités de ces darsettes, pour
permettre d'accoster avec les petites embarcations et, au besoin, pour les
visiter et les réparer, à la marée. Ces rampes empêcheront le ressac
qui se produit quelquefois, dans les darses ouvertes, quand il y a de la
houle dehors.

Les musoirs, formant les darsettes du côté du fleuve, auront 12 mètres
de largeur et pourront, quoique cette dimension soit restreinte, rendre de
bons services pour l'accostage des navires et la manutention des marchandises. Si l'on craignait que 12 mètres fussent insuffisants, il serait possible
d'obtenir 15 mètres sans de grandes dépenses.

Dans l'utilisation générale de l'emprise sur la rive droite du Tage,
nous avons avancé les installations de l'arsenal de 120 mètres environ,
dans le fleuve, et il nous a paru convenable de construire une darse de
200 mètres de longueur sur 100 mètres de large, avec des quais accostables pour les navires, en avant des ouvrages actuels.

Le tracé proposé comporte 800 mètres de longueur de quais, tant
extérieurs qu'intérieurs; il augmenterait considérablement les installations
actuelles de la marine.

Pour desservir l'emprise, il est nécessaire de traverser l'arsenal avec

(1) *On pourra utilement consulter les pilotes de Lisbonne à ce sujet.*

le chemin de fer de jonction. Nous croyons que, pour faciliter ce passage, on doit supprimer les deux cales de construction et de halage existantes, pour les remplacer par deux autres, établies sur les terrains conquis. Quant à la mâture, elle pourra être déplacée et montée sur les nouveaux quais.

S'il arrivait, comme il en a déjà été question, que l'Arsenal maritime dût être transporté ailleurs, les darses, magasins, bâtiments d'administration etc. qui auraient été faits, seraient avantageusement utilisés par le commerce; l'Arsenal pourrait être déplacé et reconstruit sans précipitation et sans créer d'embarras. Il est évident qu'en tout cas il sera nécessaire d'établir une entente avec le Conseil d'Amirauté, pour résoudre les questions de détail des dispositions générales prévues.

Nous avons cru qu'il était utile de placer la darse des pêcheurs devant le marché où se vendent actuellement tous les produits de la pêche, et nous pensons qu'un quai de 350 mètres de longueur suffira, pour longtemps, à cet usage.

On pourrait affecter au petit cabotage l'autre partie de la darse, où de grandes surfaces de quai permettront d'entreposer les marchandises arrivant par mer et destinées à être importées à l'intérieur. Cette darse des pêcheurs sera le point central du commerce d'approvisionnement. Vers le fleuve on affectera les deux portions de quai à des services spéciaux que l'expérience indiquera.

La grande darse de 10 hectares 40 de superficie, avec 1340 mètres de quais verticaux, ayant 8m,50 de profondeur à basse mer, permettra l'accès aux plus grands navires et il y aura place à quai pour dix d'entre eux, en même temps que le talus de l'Ouest suffira pour dix norwégiens, qui pourront faire leurs opérations de déchargement près du terre-plein, sur lequel on construira, certainement, des usines et des entrepôts (1).

Outre la grande darse, nous avons pensé qu'il serait utile d'en construire une plus petite d'environ 7 hectares 60 de superficie, en face d'Alcantara, pour donner asile aux navires en armement. Une partie de cette petite darse sera affectée aux charbons, dont le port de Lisbonne est appelé à faire un grand commerce, aux pétroles, produits chimiques et autres matières dont on recherche l'isolement.

Cette darse donnerait aussi accès aux bassins de radoub à construire à l'Est, sur des terrains solides, présentant la plus grande sécurité pour la bonne tenue des constructions.

---

(1) *La grande darse nous a paru suffisamment large avec 200 mètres en face de l'entrée. Dans le cas où cette opinion ne serait pas partagée, il serait possible de l'agrandir aux dépens du terre-plein de l'emprise, en reculant le quai du fond.*

La résistance des murs de quai au renversement a été l'une de nos plus grandes préoccupations.

L'expérience permet de considérer, comme suffisamment forts, les murs qui ont en largeur, à la base, la moitié de la hauteur de poussée et, en moyenne, une épaisseur qui soit le tiers de cette hauteur. Pour les murs qui sont à construire sur le terrain solide, à de petites profondeurs, nous sommes dans ces limites et nous croyons que rien n'est à redouter à leur sujet; mais, pour les parties où le rocher est très bas et où, pour cette raison, on ne pourra pas y faire reposer la fondation, la situation sera tout à fait différente. Nous ne croyons pas nécessaire de faire à ce sujet ni théories, ni démonstrations, parce qu'un élément important fait défaut.

Il nous a paru plus rationnel de nous inspirer des faits qui se sont produits, dans ces dernières années, pour des ouvrages similaires, à Bône, à Brest, à Anvers, à Marseille et à Trieste.

Dans tous les murs à claire-voie que nous avons construits, la stabilité a été absolue et nous croyons que cette disposition en est la meilleure garantie. A Anvers, quoique le sol fût bon et la maçonnerie soignée, on a vu se produire, après trois années, un petit mouvement sur un point de la première section.

Nous croyons qu'en raison de la nature du sol, accusée par les sondages, on doit donner la préférence aux murs de quai à claire-voie, aussi bien pour les parties où le terrain est solide que pour celles où le sol paraît manquer de résistance; dans ce dernier cas, il faudrait l'améliorer en faisant des enrochements, en avant comme en arrière des murs.

Pour l'établissement des darses, nous nous sommes surtout préoccupé du mouvement général des navires, de celui des marchandises, des véhicules et des personnes.

Il nous a semblé que le meilleur moyen de satisfaire à toutes les exigences de cette circulation multiple consistait à appliquer, pour chacune des darses, les dispositions suivantes, qui sont les plus propres à assurer la commodité, en même temps que la rapidité des communications.

Les navires et embarcations de toutes sortes auront intérêt, comme à Anvers, à pouvoir accoster directement à quai afin de déposer et de prendre les passagers, ainsi que les marchandises, en dépensant le moins de temps possible.

La classification nécessaire des diverses catégories de navires conduira à installer les services d'escale sur la rive du fleuve. Les steamers pourront toujours accoster à quai, extérieurement ou dans les darses, selon qu'il sera préférable pour la rapidité de leurs opérations.

Les embarcations de pêche et des services locaux auront intérêt à opérer à quai, dans des darses de petites dimensions. Elles pourront circuler, sans tenir compte de la hauteur de la mer, pour l'entrée et la sortie, et profiter des courants, plus facilement qu'à présent.

Les appontements flottants permettront l'embarquement et le débarquement des passagers, à chaque station de la rive, dans les conditions les plus économiques de temps. Nous croyons que, contrairement à ce qui a été fait à Anvers, ces installations devraient être extérieures à la ligne des quais, au lieu d'être contenues dans des enclaves.

Les marchandises venues par mer devront entrer dans les magasins du quai, ou de la ville, ou bien être chargées sur le chemin de fer pour pénétrer à l'intérieur, ou inversement. La classification, dont nous avons déjà parlé pour l'exportation, rendra ces opérations plus simples; mais il importe beaucoup que la voie ferrée puisse arriver sur tous les quais, et qu'il y ait plusieurs emplacements spéciaux pour le stationnement des voitures vides ou chargées, de façon qu'il soit possible, pratiquement, d'embarquer ou de débarquer, sans encombrement, sur chaque point, 1,500 et jusqu'à 2,000 tonnes par jour.

Cette disposition des voies ferrées sur le quai, et l'obligation de les desservir économiquement par l'une ou l'autre gare motive, *a priori*, l'établissement immédiat des voies de jonction des deux gares de Lisbonne, en suivant les quais et en dehors de la circulation actuelle. De la gare du Nord-Est, la voie ferrée sortirait sur la place, et suivrait la ligne des quais, séparée de ceux-ci par une clôture métallique laissant autant de passages à niveau qu'il sera utile pour la circulation des voitures et des personnes. Elle passerait devant la douane, la place du Commerce sans l'endommager; traverserait l'Arsenal en arrière d'un quai à construire et se prolongerait entre les quais des darses et la rue du 24 Juillet, sur double voie, jusqu'au pied de la roche d'Obidos.

L'une des voies continuerait, au niveau du quai, jusqu'au ruisseau d'Alcantara, d'où elle pourrait ultérieurement être prolongée vers Belem et au-delà. L'autre voie s'élèverait sur un cavalier et des arcades pour traverser, au moyen d'un pont, la rue du 24 Juillet et se dirigerait à travers le mamelon élevé de Forno jusque dans la nouvelle gare d'Alcantara, non encore construite. (1)

---

(1) *Dans le cas où l'intérêt de la population démontrerait l'utilité de faire sur le chemin de fer un service local important, on pourrait construire les voies principales de circulation sur une estacade métallique comme l'Elevated de New-York, et, en ce cas, la circulation des voitures serait tout à fait libre par-dessous.*

Il ne nous paraît pas utile d'entrer, à ce sujet, dans de plus grands détails, parce qu'il sera nécessaire que les études définitives soient concertées avec la Société Royale des chemins de fer Portugais, à cause de la nature spéciale de ses relations avec la Ville, l'Arsenal et les Administrations intéressées. En tous cas, l'utilité d'exécuter le chemin de fer de jonction sur les quais, dès le commencement des travaux, nous paraît bien démontrée.

Pour la traversée de l'Arsenal, l'Administration de la marine aurait à s'entendre avec le chemin de fer pour l'ouverture des portes, lors du passage des trains.

En dedans des voies de jonction des deux gares, on pourrait organiser le service spécial du port au moyen d'une voie longitudinale reliant les dépôts de wagons vides et chargés, donnant la communication aux voies spéciales de chaque quai, de façon à n'entrer sur les voies d'exploitation que par trains formés ayant une destination définie.

Il nous a paru utile de faire plusieurs groupes de voies de triage, de façon à desservir, aussi bien que possible, chaque point du port. Ces voies de triage et de formation de trains pourront être modifiées en raison des procédés d'exploitation suivis par la Compagnie du chemin de fer.

Des postes d'aiguilleur seront disposés pour l'application du « Block-system »; ils permettront de faire toutes les manœuvres avec sécurité et compléteront les mesures nécessaires pour le transport des voyageurs d'une gare à l'autre, et même entre les stations intermédiaires.

Les voitures faisant le service des marchandises, entre la ville, les quais et magasins, n'auront aucun embarras de plus qu'à présent; au contraire, les espaces pour la circulation seront plus grands et mieux agencés, les parties de rues encombrées seront devenues plus accessibles par l'augmentation de la surface des voies, et la sécurité sera plus grande.

Le chemin de fer et les bateaux auront des stations installées à des distances plus rapprochées, et la population pourra se rendre, en moins de temps qu'actuellement, d'un point à un autre du port.

Après avoir défini la ligne des quais de la nouvelle rive du Tage, l'organisation des darses et les moyens de circulation à la surface, on doit se préoccuper de l'installation, dans les galeries souterraines des égouts, des conduites d'eau comprimée pour la force motrice, de celles d'alimentation, de gaz, etc... et au besoin, de la pose des fils télégraphiques et téléphoniques.

Nous croyons savoir qu'un projet grandiose d'assainissement a été élaboré et qu'il comporte un égout collecteur, recueillant les eaux des divers égouts de la ville pour les conduire jusqu'à la mer, à une grande distance de Lisbonne. Cette disposition, d'accord, en partie, avec nos prévisions, nous dispense d'étudier plus amplement la question ; mais, avant de commencer les remblais des nouveaux terre-pleins, il nous a semblé, sans vouloir préjuger ce qui a pu être projeté pour l'assainissement de la ville, qu'il y aurait intérêt à ce qu'une grande partie du collecteur des eaux d'égout fût construite, dès le commencement des remblais des terre-pleins.

On pourrait aussi conduire les produits des égouts au ruisseau d'Alcantara, c'est-à-dire assez loin des habitations pour écarter tout danger dû aux émanations putrides, sauf à examiner plus tard la disposition à prendre pour conduire ces eaux au delà d'Alcantara, ou pour les élever et les utiliser en irrigation.

Le collecteur des égouts de la ville et des quais pourrait prendre son origine à l'extrémité Est de la place du Commerce, suivre la rue de l'Arsenal, passer derrière la Marine et arriver sur les nouveaux quais à la place Romularès ; suivre directement jusqu'au ruisseau d'Alcantara en passant sous le raccordement du chemin de fer. Pour que les regards et les bouches de surveillance ne nuisent pas à la grande circulation, le collecteur devrait passer sous l'un des trottoirs des rues.

Ce collecteur recevrait toutes les eaux de la ville par les égouts actuels, qu'il couperait, et celles d'une partie du port par les petits égouts qui y déboucheraient. L'autre partie des eaux du port pourrait être conduite, directement au Tage, par les égouts à construire dans les murs de quai et une série de branchements plus petits, qui draineraient les grandes surfaces.

Afin de ne pas donner au collecteur de trop grandes dimensions, nous croyons qu'on ne doit pas le construire pour recueillir toutes les eaux de pluie et d'orages, qui peuvent à certains moments devenir considérables ; il nous a semblé, d'après l'examen que nous avons fait des égouts de Paris, qu'on pourrait limiter son débit normal à un mètre cube par seconde, et extraordinairement à deux mètres. Pour écouler l'excédent accidentel des eaux descendant des coteaux, on établirait des égouts transversaux, avec des déversoirs conduisant directement dans le Tage les eaux pluviales, qui seraient sans danger pour le fleuve, puisqu'elles seraient moins chargées d'immondices.

Cette disposition permettrait de recueillir, dans le collecteur, toutes les eaux ordinaires de la ville, dont le volume doit être inférieur à 1 mètre cube par seconde, et de les conduire à Alcantara avec une cunette de 1 m. 50 de largeur et une vitesse de 1 mètre par seconde, pour une lame d'eau de 0 m. 40 d'épaisseur.

4

A une certaine hauteur, on ferait des déversoirs d'une section suffisante pour permettre à l'excédent de passer directement dans le Tage.

Le plan n° 24 indique la disposition générale du collecteur, des déversoirs et des branchements souterrains, pour l'assainissement de la surface.

Les grandes galeries des quais du port seront disposées de façon à contenir les tuyaux d'eau comprimée pour les grues, les tuyaux d'eau potable pour les navires et, enfin, les fils télégraphiques et téléphoniques qu'on pourrait désirer y mettre.

L'utilité des bassins de radoub, pour la réparation et la visite des coques des navires, n'est point à démontrer.

Le programme prescrit deux bassins de radoub dont le plus grand doit pouvoir être divisé en deux parties. Nous croyons que la dépense ne serait pas sensiblement plus grande et qu'il y aurait plus d'intérêt à construire de suite trois bassins de radoub de dimensions différentes : un pour les grands navires jusqu'à 160 mètres de longueur ; un autre pour les moyens, de 90 à 100 mètres et enfin, un troisième pour les petits, jusqu'à 60 mètres ; le tout desservi par une seule installation de machines. Il nous a même paru nécessaire de construire à côté du plus petit bassin un plan incliné, avec rails et chariots, pour haler les embarcations légères qui pourraient être ainsi réparées ou visitées rapidement, sans entrer dans un bassin.

A côté des installations de radoub, il conviendra de placer des grues assez fortes pour lever de grosses pièces, ainsi qu'une mâture pour embarquer et débarquer les chaudières.

Des cabestans pourront servir à la traction des navires aussi bien qu'à diverses manœuvres marines qui se font, ordinairement, au moyen de poulies de retour.

L'emploi de l'eau comprimée prend une telle extension, depuis un certain temps, pour les manutentions diverses dans les ports, que nous ne croyons pas utile d'insister sur l'absolue nécessité d'en faire le plus grand usage, dans les installations du projet du port de Lisbonne.

Nous croyons même que l'emploi de l'eau comprimée pourra être avantageusement appliqué dans les ateliers de réparation et dans les docks.

En dehors des installations matérielles, il est encore nécessaire de se préoccuper de l'exploitation du port et des mesures de sécurité. A ce sujet, nous croyons qu'on doit organiser, sur un terrain libre, entre la grande darse et la darse des pêcheurs, pour les officiers de la direction des mouvements du port, un pavillon spécial surmonté d'un sémaphore permettant de communiquer avec tous les points de la rade, et d'y transmettre les renseignements météorologiques, à l'usage journalier des marins. Non loin de là, on installerait un poste sanitaire et de secours, ainsi qu'un abri pour les pilotes et autres agents du port.

Les musoirs des différentes darses seront signalés, le jour et la nuit, par des signaux spéciaux, ne permettant pas la confusion.

	LE JOUR		LA NUIT	
	AVAL	AMONT	AVAL	AMONT
Darse d'Alcantara	Pavillon national indique la praticabilité.	Drapeau rouge pour l'entrée. Drapeau bleu pour la sortie.	feu blanc	rouge
Grande Darse . . . ·			d⁰	2 rouges
Darse des Pêcheurs			d⁰	3 rouges
Darse de la Marine			blanc bleu	blanc bleu
Darsette de la Douane.			blanc vert	blanc rouge
Darsette de l'Entrepôt			blanc vert	blanc 2 rouges

Les foyers susceptibles de causer des erreurs, seront masqués aux navigateurs pour qu'aucune collision ne soit possible.

Nous n'avons pas cru devoir nous préoccuper des dispositions spéciales de la douane, de la santé ni des autres questions locales de Lisbonne ; toutefois nous croyons devoir recommander la simplification, pour économiser le temps et l'argent.

CHAPITRE III

Devis descriptif des constructions projetées.

Matériaux de construction.

Les matériaux de bonne qualité ne manqueront pas autour de Lisbonne ; les carrières ouvertes et exploitées pourront fournir, en quantité suffisante, les pierres pour enrochements, le caillou à béton et les moellons pour les maçonneries brutes de parement ainsi que la pierre de taille des divers ouvrages. Ces matériaux pourront être extraits des carrières de Paço d'Arcos, Pero-Pinhero et de celles situées sur les bords du Tage et sur le chemin de fer.

Le sable de carrière et le sable de mer pourront être indistinctement utilisés pour les ouvrages des quais. Pour les ouvrages en élévation et pour les bâtiments, les sables salés doivent être exclus.

La chaux hydraulique fabriquée à Mogoforès, qui a été employée à Porto ainsi qu'aux travaux du chemin de fer, peut suffire pour la plus grande partie des ouvrages ordinaires.

La Pouzzolane des Açores sera d'un grand secours pour l'hydraulicité du mortier et, notamment, pour la fabrication du béton employé au remplissage des chambres inférieures des caissons.

Pour quelques parties des constructions, nous croyons qu'il y aura intérêt à se servir, dans des proportions restreintes, de ciment de Portland, que l'Angleterre et la France fournissent en excellente qualité. Peut-être le pays pourra-t-il livrer ces matériaux quand cela sera utile. Les mortiers devront être fabriqués soigneusement, avec des dosages convenables pour chaque nature d'ouvrage, et les maçonneries devront être exécutées avec les soins ordinaires qu'on apporte à ce genre de travaux, pour obtenir les meilleurs résultats.

Les pierres de second choix, reconnues de qualité suffisante, seront utilisées pour les enrochements et les remblais. On n'emploiera, pour les maçonneries, que les matériaux de premier choix.

Il est très probable que, pour l'exécution de travaux aussi importants, on sera amené à faire l'ouverture de plusieurs carrières, afin d'approvisionner plus facilement les matériaux nécessaires. On trouvera, probablement, dans les dispositions générales des carrières en exploitation, un moyen pratique pour faire le couronnement des quais en granit, au lieu de le faire en pierre calcaire qui se polit trop vite; mais les superbes calcaires et les grès des environs de Lisbonne suffiront à tous les autres ouvrages.

Les métaux et les machines seront de fabrication étrangère, de la meilleure qualité pour leur destination.

Les bois d'échafaudage proviendront du pays et les poteaux des quais seront en pitch-pine d'Amérique.

Murs de quai et surface des quais.

Les murs de quai, aussi bien pour la nouvelle rive du Tage que pour les accostages des darses, sont presque tous à construire dans l'eau. Pour établir ceux qui se trouveront à des endroits où le sol émerge à basse mer, il sera plus simple de draguer l'emplacement pour n'avoir qu'un seul système de construction, reposant sur l'emploi de caissons métalliques et d'air comprimé. Ce procédé ne demande aux hommes qu'un minimum de travail et supprime, en partie, les incommodités résultant des gaz qui pourront se dégager des terrains du rivage. Le travail mécanique se recommande de lui-même à ce sujet.

Les profils longitudinaux, résultant des sondages effectués par les soins de l'administration, indiquent qu'il y aura probablement des quais à fonder à des profondeurs variant entre 7, 15, 18 mètres et au delà sous basse mer. Nous espérons que, pour ces grandes profondeurs, le sol permettra de réaliser les dispositions que nous indiquons.

Pour l'exécution et la forme des caissons, nous diviserons les profondeurs en 3 catégories:

de 7 à 10 mètres de profondeur, largeur à la base, environ 7m,50.
10 à 13 — — — 8m,00.
13 et au-dessus — — — 9m,00.

Les tracés de la Pl. 9 indiquent les dispositions générales et de détail de ces constructions.

A part ces différences dans la largeur à la base, les murs de quai seront uniformément composés de caissons immergés et foncés au moyen de l'air comprimé. Le béton de remplissage et celui pour le poutrage seront exécutés avec soin ; la maçonnerie au-dessus sera de bonne qualité.

Cette fondation sera généralement faite et mise en place, suivant des alignements précis, dans une fouille préalablement creusée à la drague.

Partout où on pourra faire reposer la fondation sur le terrain rocheux, ou simplement résistant, on la considérera comme bien assise, et on garnira l'arrière en enrochements, de façon que les remblais à faire poussent peu, ou pas du tout, contre le mur.

Dans les parties où le rocher est à de grandes profondeurs, c'est-à-dire au delà de 18 mètres sous zéro, et où, par économie, on devra bâtir la fondation sur un terrain moins résistant, le procédé de construction sera le même, mais on remplira, préalablement, la rainure draguée, avec des enrochements des deux côtés du mur. Du côté de l'accostage des navires, cet enrochement sera arrasé à $8^m,50$ sous zéro, et sera composé des pierres les plus lourdes ; du côté des terres, il émergera jusqu'à la hauteur de haute mer, de façon à former un véritable cavalier, en arrière du mur.

L'expérience des quais fondés à Brest, à de grandes profondeurs, permet d'attendre un bon résultat de cette disposition, qui supprime la poussée des terres contre les murs de quai.

Au-dessus de la fondation, qui aura des profondeurs différentes, mais sera uniformément arrasée à 2 mètres sous zéro, on établira un massif de maçonnerie de 5 mètres de largeur, 3 mètres de hauteur et 20 mètres de longueur, d'axe en axe de deux piliers consécutifs, de façon à le faire émerger de la basse mer.

Ce grand bloc de maçonnerie, dont le volume sera de 300^{m3}, pourra être maçonné au ciment, et il sera amené flottant et posé sur un lit de mortier spécialement disposé, à cet effet, sous l'eau.

Les blocs contigus seront réunis entr'eux par un joint en béton, pour parfaire la base ininterrompue du quai, au-dessous du zéro.

Au-dessus de cette base, les murs seront construits d'abord à basse mer, et continués jusqu'à leur hauteur définitive d'arrasement supérieur.

Le profil longitudinal indique une pente, depuis la gare du chemin de fer jusqu'à Alcantara ; nous croyons nécessaire de maintenir cette pente sur toute la longueur des quais de rive et de l'ensemble des ouvrages, qui seront arrasés à la cote + 5,60 à Alcantara, et + 5,80 à la gare du chemin de fer, de sorte que les plus hautes eaux resteront environ à 0^m,80, en moyenne au-dessous du couronnement des quais (1).

La partie supérieure des murs de quai contiendra un aqueduc, pour l'écoulement des eaux pluviales, dans lequel on installera, comme nous l'avons dit précédemment, les tuyaux des conduites d'eau douce, d'eau comprimée pour l'usage des grues et autres engins, les fils télégraphiques, téléphoniques, etc.

Les murs de quai seront couronnés par une pierre de taille de 1 mètre de largeur et 0^m,45 d'épaisseur, et munis de bollards en fonte, encastrés dans la maçonnerie, pour l'amarrage des navires.

Les bollards seront creux, en fonte moulée ; leur base accusera le profil du couronnement du mur de quai et leur sommet se terminera par un saillant arrondi, comme l'indique le plan n° 9 ; ils mesureront 0^m,50 de hauteur, 0^m,35 de largeur à la partie inférieure, et 0^m,60 à la partie supérieure, ce qui permettra de passer facilement les cordages dessus, et, au besoin, de filer. (Cette disposition a été adoptée à Rouen.) Ils seront assujettis sur le mur par quatre boulons et retenus en arrière par quatre tirants en fer plat et en U, qui intéresseront un volume de maçonnerie suffisant pour obtenir une résistance considérable à l'arrachement.

La face extérieure du mur sera garnie de montants en bois, de 0^m,35 d'équarrissage, espacés de 20 en 20 mètres, pour garantir les navires du contact de la maçonnerie. Il y aura aussi des échelles en fer galvanisé tous les 40 mètres, pour permettre l'accostage des canots.

Les grands musoirs, de 60 à 80 mètres de largeur, pour les trois darses, entre la Marine et Alcantara, seront bordés, comme l'indiquent les plans, de quais ordinaires munis, à leur partie supérieure, d'amarrages spéciaux et de deux cabestans hydrauliques (un de chaque côté) pour favoriser l'entrée et la sortie des navires. Mais, pour les musoirs étroits de la darse de la Marine et des darsettes de la Douane et de l'Entrepôt, nous proposons de construire un seul mur, à deux faces, de 12 mètres de largeur à la partie supérieure et construit d'une façon analogue à ce qui vient d'être décrit pour le mur courant. Ces musoirs seront également munis des engins spéciaux pour l'entrée et la sortie des navires.

---

(1) Dans le cas où l'administration croirait utile que l'arrasement général des ouvrages soit un peu plus élevé, l'ensemble des projets n'en subirait pas de modifications importantes.

La construction des murs, au point de vue de leur résistance, sera subordonnée à la nature du sol. Pour les parties où le sol est solide, la disposition adoptée donnera sûrement toute la sécurité désirable, tandis que pour les autres parties, cette stabilité sera relative, mais nous ne doutons pas du succès en raison des comparaisons possibles pour des cas analogues, notamment à Brest et à Anvers.

Sur les quais, on construira divers hangars, dont nous avons indiqué les emplacements, pour abriter les marchandises. Il y aura nécessité de se réserver la possibilité de concéder les surfaces à occuper, à des industriels, qui élèveront, eux-mêmes, les constructions, selon leurs besoins spéciaux ; nous n'avons pas cru devoir préciser les dispositions de ces hangars, pour lesquels il y a de nombreux types à imiter, qui doivent satisfaire à des besoins différents.

La formation des terre-pleins de l'emprise sera obtenue de deux façons :

1° Par l'apport, soit par chemin de fer, soit par bateau, de matériaux pierreux, susceptibles de faire de bons remblais, assez poreux pour absorber la vase du fond, qui remontera dans les interstices et assez solides pour supporter la pression latérale. Ils seront surtout employés pour former la plate-forme du chemin de fer, pendant la première période des travaux ; puis, avec les mêmes matériaux, on fera, derrière les quais construits, un remblai destiné à faire refluer les vases molles au centre des terre-pleins.

2° On utilisera, ensuite, les produits des dragages nécessités par le creusement des darses et par l'approfondissement, jusqu'à $8^m,50$ sous zéro, devant les murs de quai. Ces remblais, de médiocre qualité, seront drainés à la surface afin d'être asséchés et solidifiés, de façon à supporter la charge résultant de la circulation.

Les abords des quais seront pavés en pavés de basalte, ainsi que les trottoirs et les caniveaux pour l'écoulement des eaux. Les surfaces importantes de chaussées seront macadamisées en pierres de basalte de $0^m,15$ d'épaisseur posées sur une couche de pierres calcaires d'une plus grande épaisseur, soit $0^m,20$, cylindrées et agrégées par des matériaux de plus petite dimension, permettant la circulation immédiate (1).

Il en sera de même des rues des nouveaux quartiers qui auront, en plus, des trottoirs avec bordures en pierres.

Les pentes seront établies de telle façon que les eaux de pluie puissent s'écouler facilement dans les égouts.

_____

(1) *Au point de vue de la division des intérêts, il sera intéressant de définir, selon les usages, la part de la Ville dans le pavage et l'entretien des rues et la part afférente au port.*

Bassins de radoub

Nous avons pensé devoir construire trois bassins de radoub, au lieu de deux qui sont demandés par le programme, afin d'augmenter les facilités d'entretien des navires. En outre, il nous a paru utile de faire un plan incliné sur lequel on pourra haler les petites embarcations, qui pourraient ainsi être visitées et réparées au plus vite, avec moins de dépenses qu'en passant aux bassins.

Les bassins demandés par le programme doivent avoir les dimensions suivantes :

DÉSIGNATION	LONGUEUR	LARGEUR EN HAUT	SURFACE
Grand bassin à diviser en deux.	180 mètres.	30 mètres.	5,400 mèt. carr.
Petit bassin	90 —	15 —	1,350 —
			6,750 mèt. carr.

Nous proposons de les remplacer par des bassins ayant les dimensions suivantes :

DÉSIGNATION	LONGUEUR	LARGEUR EN HAUT	LARGEUR EN BAS	PROFONDEUR	SURFACE
Grand bassin	160 mèt.	28^m,00	24^m,00	11^m,60	4,480 m. car.
Moyen bassin	100 —	21^m,06	19^m,12	10^m,40	2,106 —
Petit bassin	60 —	13^m,00	10^m,00	9^m,00	780 —
					7,366 m. car.

La différence de surface, plus grande avec trois bassins, est compensée par la suppression d'un grand bateau-porte remplacé par un plus petit. Nous n'avons pas, d'ailleurs, d'autres raisons d'insister sur ces dispositions pour lesquelles les conseils du Gouvernement donneront l'avis définitif.

Dans tous les cas, le moyen de construction à mettre en œuvre sera le même pour tous les bassins ; il consistera à faire un batardeau d'isolement dans la darse, en avant des têtes de bassin de radoub, et à élever les terre-pleins autour de l'emplacement destiné aux constructions, de façon à former une enceinte isolée, qu'il sera possible d'épuiser, pour compléter le creusement des fouilles et construire ensuite.

Le sol rocheux sur lequel les constructions sont à élever est, en général, à une profondeur de 6 à 7 mètres au maximum au-dessous du zéro ; on peut espérer qu'il ne contiendra que peu de fissures ayant de l'eau de source et que, comme il est recouvert par des terrains d'alluvion anciens, il n'y aura pas de communication avec la mer. On peut espérer que les épuisements n'auront que peu d'importance, comparativement à

5

celle des ouvrages, et il est probable qu'en installant d'abord les machines d'épuisement, on sera tout à fait tranquille pour toute la durée des travaux.

La partie supérieure du sol aura pu être enlevée jusqu'au rocher par dragage, et, après l'asséchement, on pourra compléter la fouille de façon à faire le radier.

S'il se trouve des sources au fond de la fouille, nous conseillons de les diriger dans des drains transversaux, qui les conduiront en dehors des bajoyers, de façon qu'elles ne puissent pas s'interposer entre la roche du sol et les maçonneries du bassin.

Les eaux, étant emprisonnées dans des drains en terre cuite, n'auront plus aucune action de soulèvement et les constructions pourront en être délivrées.

Résumé des principales dimensions des trois bassins de Radoub.

DÉSIGNATION	GRAND BASSIN DE 160ᵐ sur 28ᵐ	MOYEN BASSIN DE 100ᵐ sur 21ᵐ	PETIT BASSIN DE 60ᵐ sur 13ᵐ
	mètres	mètres	mètres
Longueur totale extérieure	180,00	118,00	76,00
Longueur totale du seuil	11,00	10,00	9,00
— de l'arrière du radier au fond	9,00	8,00	7,00
— utilisable	160,00	100,00	60,00
Largeur totale extérieure	39,00	30,00	22,00
— intérieure entre les bajoyers, en haut. .	28,00	21,06	13,00
— — — en bas . .	24,00	19,12	10,00
— — du fond des rainures en haut.	29,40	22,06	14,00
— — — en bas .	25,40	20,12	11,00
— — à la 1ʳᵉ banquette	34,75	26,47	14,00
— — — 2ᵉ —	31,77	23,77	11,00
— — — 3ᵉ —	28,78	21,08	10,00
— — — 4ᵉ —	25,80	»	»
— — au radier	16,80	12,10	5,00
Hauteur du couronnement au-dessus de zéro . .	5,63	5,63	5,63
Profondeur totale sur le radier, près le seuil . .	11,60	10,40	9,00
— — sur la 4ᵉ banquette	11,20	»	»
— — — 3ᵉ —	8,40	9,90	8,70
— — — 2ᵉ —	5,60	6,60	5,80
— — — 1ʳᵉ —	2,80	3,30	2,90
Surface de l'orifice d'écoulement des eaux par épuisement	1ᵐ2,50	1ᵐ2,50	1ᵐ2,50
Capacité des bassins.	60,000ᵐ3	25,000ᵐ3	10,000ᵐ3

Les dimensions des murs, en moellon brut, avec parement soigné, sont données, pour chaque bassin, par les plans n°s 10, 11 et 12. Les escaliers de communication, le couronnement des banquettes ainsi que les arêtes des rainures et des seuils des bateaux-portes seront en pierre de taille.

Toutes les maçonneries seront exécutées avec soin, de façon que l'étanchéité soit aussi parfaite que possible.

Les tains, pour asseoir la quille des navires, seront formés de chaises en fonte à large base, posées et scellées sur le radier, et surmontées d'un bloc de bois de 0^m,30 d'épaisseur sur 0^m,05 de largeur et 1^m,50 de longueur.

Les banquettes seront munies d'anneaux en fer galvanisé pour amarrer les accores, et le couronnement sera pourvu de bornes en fonte permettant d'amarrer les haubans nécessaires à toutes les manutentions.

De chaque côté de l'entrée, et au fond de chaque bassin, il y aura un cabestan hydraulique permettant de faire les manutentions de force ainsi que le halage des navires pour l'entrée et la sortie.

Il sera peut-être utile d'examiner si, pour satisfaire les usages locaux de Lisbonne, il n'y aurait pas à établir, au fond de chaque bassin, un plan incliné pour favoriser la descente comme l'enlèvement des bois d'accores, quoique nous soyons convaincu que l'emploi de bigues et cabestans hydrauliques soit suffisant.

Les conduites des pompes d'assèchement seront en fonte et placées dans l'épaisseur du radier des galeries d'épuisement, dont elles seront complètement isolées. Elles passeront sous les ventelles et auront des fermetures spéciales aussi bien dans le puisard des pompes d'assèchement qu'à leurs extrémités, dans chaque bassin.

La capacité du bassin principal est d'environ 60,000 mètres cubes et la profondeur du radier, au-dessous des hautes mers, de 12 mètres. La hauteur de l'élévation de l'eau varie donc de 0 à 12 mètres, au maximum.

L'épuisement pourra se faire en 6 heures, à l'aide de quatre machines motrices actionnant quatre pompes centrifuges, installées dans une chambre ayant 13 mètres de longueur sur 13 mètres de largeur. Elles seront établies à 7 mètres en contre-bas du sol, au-dessus du puisard recevant les eaux des trois bassins.

Les machines motrices seront du système Compound, verticales, avec condenseur par injection ; chacune d'elles actionnera directement une pompe centrifuge. Elles seront munies d'un régulateur à force centrifuge ayant pour but d'empêcher toute accélération au delà de la vitesse de 180 tours par minute, et elles pourront fonctionner à volonté avec ou sans condensation (1).

Chacune d'elles pourra développer une puissance maximum de 172 chevaux indiqués en faisant 180 tours.

Les principales dimensions sont les suivantes :

Diamètre du petit cylindre..	0m380
Diamètre du grand cylindre	0m520
Course commune des pistons	0m500
Diamètre du plongeur de la pompe à air.	0m300
Course du plongeur.	0m300

Les chaudières, au nombre de dix, seront placées dans un bâtiment en communication avec la chambre des machines. Huit chaudières devront suffire pour la marche des quatre machines. Elles seront à foyer intérieur amovible, avec tubes en retour et réservoirs d'eau et de vapeur.

Leurs dimensions principales sont les suivantes :

Timbre.	5 kilogs.
Surface de grille par chaudière	1m250
Surface de chauffe par chaudière. . . .	68m2
Diamètre intérieur des tubes	0m070

Pour l'alimentation, on disposera de deux petits chevaux et de deux injecteurs.

Les disques des pompes centrifuges auront 1m,60 de diamètre et les tuyaux d'aspiration et de refoulement 0m,500 de diamètre. Les tuyaux d'aspiration porteront, à leur partie inférieure, des clapets de retenue et des crépines, et ceux de refoulement seront munis de vannes installées à leur partie supérieure.

Les pompes seront, en outre, munies d'éjecteurs pour assurer leur amorçage après les arrêts. Pour assécher les bassins, on disposera de deux petites pompes pouvant débiter 200m3 à l'heure, placées dans la chambre des machines motrices.

Chaque appareil comprendra une machine à deux cylindres horizontaux ayant 0m,192 de diamètre et 0m,280 de course actionnant directement les pompes dont le diamètre sera de 0m,260.

Tous les tuyaux de refoulement viendront déboucher dans une galerie pratiquée dans la partie supérieure des quais et communiquant avec la darse.

(1) Les pompes sont semblables à celles construites pour le bassin de radoub de Saïgon et pour les bassins de Missiessy à Toulon.

On construira au-dessus des machines et des chaudières une toiture légère d'abri. Une voie spéciale permettra d'amener économiquement le combustible dans la chambre de chauffe; enfin, une salle contiguë sera réservée pour le magasin des pièces de rechange et pour l'atelier d'entretien.

Les bassins de radoub seront tous fermés par des bateaux-portes construits en acier, selon les dispositions les plus perfectionnées de ce genre d'appareil. Ils devront pouvoir être relevés ou coulés à mi-marée et seront munis de tous les accessoires nécessaires à leurs manœuvres d'immersion, d'émersion et d'asséchement. Des couloirs, munis de ventelles, traverseront chacun d'eux et permettront de remplir l'un quelconque des bassins en une heure et demie.

Les bateaux-portes projetés se composent tous de deux parties distinctes : le flotteur et les compartiments supérieurs.

Le flotteur est terminé, à sa partie inférieure, par une quille, et à sa partie supérieure, par un pont nommé pont du ressaut. Dans l'intérieur sont installées les caisses à eau, nécessaires pour les manœuvres. Le lest, en fonte, est empilé et arrangé avec ordre dans la quille.

Les compartiments supérieurs, séparés entre eux par des cloisons étanches, partent du pont du ressaut et viennent se terminer à la passerelle, qui permet de circuler d'un côté du bassin à l'autre.

Ils peuvent être alternativement remplis d'eau et vidés pour les manœuvres de la porte.

De la passerelle, on peut descendre dans l'intérieur des compartiments et dans le flotteur, à l'aide de cheminées verticales munies d'échelons.

Les principales dimensions des 3 bateaux-portes sont les suivantes., Pl. nᵒˢ 15 et 16 :

	BASSIN de 160ᵐ	BASSIN de 400ᵐ	BASSIN de 60ᵐ
Largeur au milieu { au-dessus du pont de ressaut. . .	1ᵐ,500	1ᵐ,500	1ᵐ,500
{ au-dessous du pont de ressaut. . .	4ᵐ,600	4ᵐ,500	4ᵐ,200
Hauteur de la porte jusqu'au pont de ressaut.	6ᵐ,900	6ᵐ,100	5ᵐ,400
Hauteur totale de la porte.	12ᵐ,300	10ᵐ,900	9ᵐ,400
Largeur de la porte { au-dessus du pont supérieur . . .	29ᵐ,200	21ᵐ,880	13ᵐ,800
{ au-dessous de la quille	25ᵐ,200	19ᵐ,920	10ᵐ,800
Tirant d'eau à flot.	6ᵐ,700	5ᵐ,900	5ᵐ,200
Émersion pour { par mers moyennes.	2ᵐ,400	1ᵐ,590	0ᵐ,900
sortir des rainures { par hautes mers	4ᵐ,800	4ᵐ,030	3ᵐ,300
Largeur de la quille et des étambots.	0ᵐ,70	0ᵐ,70	0ᵐ,500
Largeur de la passerelle.	1ᵐ,90	1ᵐ,90	1ᵐ,900
Poids du bateau-porte sans lest	256,800ᵏ	130,800ᵏ	72,000ᵏ
Poids du lest	158,200ᵏ	115,700ᵏ	48,000ᵏ
Déplacement du bateau-porte.	415,000ᵏ	266,500ᵏ	120,000ᵏ

Les manœuvres des bateaux-portes sont de deux sortes : il faut pouvoir les échouer dans leurs enclaves et, ensuite, les relever pour les en sortir.

Pour les faire couler dans leurs enclaves, il faut d'abord remplir les caisses à eau, et, comme ces caisses sont placées plus bas que le niveau de la flottaison, il suffit d'ouvrir les robinets qui les font communiquer avec l'eau extérieure. Cette manœuvre se fait de la passerelle, à l'aide de tringles équilibrées placées dans la cheminée centrale.

Les caisses pleines, le tirant d'eau de la porte s'élèvera à environ $0^m,250$ au-dessus du pont de ressaut.

Pour terminer l'échouage, il suffira de faire communiquer les compartiments supérieurs avec l'eau extérieure, en ouvrant les soupapes placées sur le pont du ressaut.

La manœuvre de ces soupapes se fait également de la passerelle. Lorsque la porte reposera au fond de ses enclaves, le niveau de l'eau dans les compartiments supérieurs sera le même que celui de l'eau extérieure.

On fermera alors tous les robinets, vannes et soupapes de la porte, et on pourra épuiser l'eau des bassins.

Pour les relever, on ouvrira les vannes, pour remplir le bassin, puis les soupapes qui font communiquer les compartiments supérieurs avec l'eau extérieure ; on épuisera ensuite l'eau des caisses à l'aide d'une pompe disposée à cet effet ; cette pompe se manœuvre de la passerelle.

Les portes se soulèveront d'elles-mêmes jusqu'à ce qu'elles n'aient plus que leur tirant d'eau lège. A ce moment, elles pourront être dégagées de leurs enclaves sans difficulté.

Pour ne pas allonger outre mesure notre mémoire, nous ne donnerons, avec détails, que les calculs de stabilité et de résistance de l'une d'elles ; celle du bassin de 100 mètres de longueur, par exemple.

Calculs de stabilité du bateau-porte du bassin de 100 mètres de longueur.

Le déplacement du bateau-porte, avec $5^m,90$ de tirant d'eau, est de $259^{m3}743$, soit, en eau de mer :

$$259^{m3}743 \times 1,026^k = \qquad 266^t,496^k$$

Le poids du bateau, avec ses accessoires, s'élève à. . . $150,878^k$

Le poids du lest, en fonte et en béton, sera de :

$$266,496^k - 150,878 = \qquad 115,618^k$$

La distance du centre de la coque et de ses accessoires au-dessus du dessous de la quille est de 5 mètres.

Celle du lest en fonte et en béton, au même point, est de 1^m,050.

Nous obtiendrons le centre de gravité de tout le système par le calcul suivant :

$$150.878 \times 5^m,000 = 754.747^k$$
$$115.618 \times 1^m,050 = 121.398^k$$
$$\overline{266.496 \times 3^m,287} = \overline{876.145^k}$$

La distance du centre de gravité au-dessus du dessous de la quille est à 3^m,287.

La distance du centre de carène au-dessus du dessous de la quille est égale à 3^m,720.

La distance du centre de gravité au centre de carène est donc de :

$$3^m,720 - 3^m,287 = 0^m,433$$

La distance du métacentre au centre de carène est donnée par l'expression :

$$\rho = \frac{2\left(1\left(\overline{4.475^3} + \overline{4.425^3} + \overline{4.30^3} + \overline{4.075^3} + \overline{3.775^3} + \overline{3.40^3} + \overline{2\ 93^3} + \overline{2.45^3} + \overline{1.85^3} + \overline{1.1^2}\right)\right)}{12 \times 259,743}$$

$$\rho = 0,298.$$

Le bras de levier métacentrique sera égal à :

$$r - a = 0,433 + 0,298 = 0^m,731$$

Lorsque les caisses seront remplies d'eau, la valeur de $r - a$ ne sera plus que de 0,523 ; ce qui est encore très suffisant.

Le volume des caisses à eau est de 27 mètres^3. — Cela correspond à un poids d'eau de mer de 27,702 kilogs.

Lorsque les deux caisses seront remplies, le tirant d'eau s'élèvera à environ 0^m,250 au-dessus du milieu du pont du ressaut.

Le tirant d'eau total sera d'environ :

$$6^m,10 + 0,05 + 0,25 = 6^m,400$$

*Résultats des calculs avec le tirant d'eau de 7m70 correspondant
aux mers moyennes.*

Poids total du bateau à flot . . . . $266^{tx},496$

Poids de l'eau contenue dans les flotteurs . . . . . . $27^{tx},702$

Poids de l'eau contenue dans les compartiments, au-dessus
du pont du ressaut . . . . $38^{tx},540$

Poids total du bateau échoué au fond de sa rainure . . . $332^{tx},738$

Poids total de l'eau de mer déplacée par le bateau échoué
au fond de sa rainure :

$$266^{tx},496 + 13^{tx},130 + 2^{tx},070 + 25^{m3},318 \times 1^{m},59 \times 1026^{k} = 323^{tx},002$$

Force maintenant le bateau échoué . . . . $9^{tx},736$

Force tendant à soulever le bateau . . . . $17^{tx},966$

*Résultats des calculs avec le tirant d'eau de 10m10 correspondant
aux hautes mers.*

Poids total du bateau à flot . . . . $266^{tx},496$

Poids de l'eau contenue dans les flotteurs . . . . $27^{tx}.702$

Poids de l'eau contenue dans les compartiments au-dessus
du pont de ressaut . . . . $89^{tx},789$

Poids total du bateau échoué au fond de sa rainure . . . $383^{tx},987$

Poids total de l'eau de mer déplacée par la porte échouée
au fond de sa rainure . . . . $378^{tx},819$

Force maintenant le bateau échoué . . . . $5^{tx},168$

Force tendant à soulever le bateau, ou force émersive . $22^{tx},534$

Calculs de Résistance

Calculs des membrures n°s 10, 11, 12, 13 et 14.
(Plan n° 16.)

Elles sont formées de deux nervures de 300 $^m/_m$ de hauteur, qui reposent sur six appuis espacés de 4 mètres.

Les deux appuis extrêmes sont les maçonneries des bajoyers et les quatre appuis intermédiaires des aiguilles verticales dont nous déterminerons la résistance plus loin. Les aiguilles reposent, à leur partie inférieure, sur le seuil du radier, et, à leur partie supérieure, sur les membrures n°s 7, 8 et 9.

Celles-ci ont une section suffisante pour supporter, en outre de leurs propres charges, les réactions des membrures n°s 10, 11, 12, 13 et 14.

Nous pouvons donc considérer les nervures des membrures 10, 11, 12, 13, 14, comme des pièces reposant sur six appuis espacés de 4 mètres et uniformément chargées.

Les charges qu'elles supportent, par mètre courant, sont égales :

Membrure n° 10 . . . . à 3.330 kilog.
    —   11 . . . . à 3.640 —
    —   12 . . . . à 3.950 —
    —   13 . . . . à 4.260 —
    —   14 . . . . à 4.570 —

Les moments fléchissants maximum sur les appuis ont pour valeur :

Membrure n° 10 M*f* . . . . . 5.600 kilogrammètres.
    —   11 M*f* . . . . . 6.120 —
    —   12 M*f* . . . . . 6.640 —
    —   13 M*f* . . . . . 7.170 —
    —   14 M*f* . . . . . 7.695 —

6

Les nervures ont les sections ci-contre, et leurs moments d'inertie les valeurs suivantes :

Membrures n°s 10, 11 et 12.

$$I = 0,00024076 \text{ et } \frac{I}{n} = 0,001160$$

Membrure n° 13.

$$I = 0,00027854 \text{ et } \frac{I}{n} = 0,001348$$

Membrure n° 14.

$$I = 0,00031437 \text{ et } \frac{I}{n} = 0,001564$$

De l'expression générale :

$$Mf = \frac{RI}{n}$$

On tire :

Membrures n°s 10, 11 et 12.

pour les membrures n°s 10, 11 et 12 :

$$R = \frac{5.600}{1.160} = 4^k,82 \text{ par } ^m/_m \text{ carré,}$$

$$R = \frac{6.120}{1.160} = 5^k,27 \text{ par } ^m/_m \text{ carré,}$$

$$R = \frac{6.640}{1.160} = 5^k,72 \text{ par } ^m/_m \text{ carré;}$$

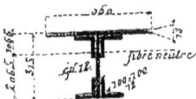

Membrure n° 13.

pour la membrure n° 13 :

$$R = \frac{7.170}{1.348} = 5^k,31 \text{ par } ^m/_m \text{ carré;}$$

Membrure n° 14.

pour la membrure n° 14 :

$$R = \frac{7.695}{1.564} = 4^k,92 \text{ par } ^m/_m \text{ carré.}$$

Calcul des aiguilles supportant les réactions des membrures n°s 11, 12, 13 et 14.

Les réactions des membrures n°s 11, 12, 13 et 14 sur les aiguilles, peuvent être évaluées comme ci-dessous :

Membrure n° 10 = 16.120 kilogrammes,
— » 11 = 17.620 —
— » 12 = 19.120 —
— » 13 = 20.624 —
— » 14 = 22.126 —

Les aiguilles pourront être considérées comme des pièces reposant sur 2 appuis espacés de 3ᵐ,950 et supportant tous les 0ᵐ,550 les réactions indiquées ci-dessus :

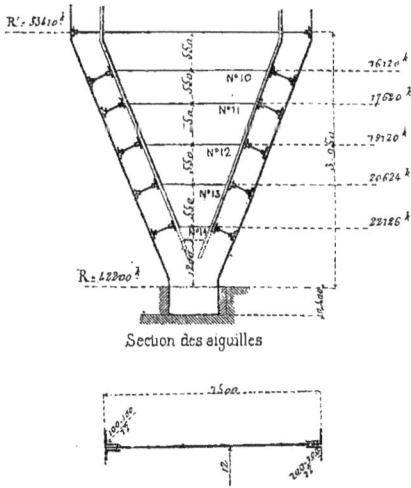

Section des aiguilles

Le maximum du moment fléchissant a pour valeur :

$$Mf = 60.882 \text{ kilogrammètres.}$$

Le moment d'inertie des aiguilles est égal à :

$$I = 0,006971 \text{ et } \frac{I}{n} = 0,009290.$$

De l'expression $Mf = \frac{RI}{n}$, on tire :

$$R = \frac{53.410}{9.290} = 5^k,74.$$

Calculs des membrures 7, 8 et 9.

Nous considérons ces pièces comme reposant librement sur deux appuis espacés de 20 mètres.

Les charges uniformément réparties, qu'elles supportent par mètre courant, sont respectivement égales à :

Membrure n° 7, $p = $ 2.400 kilogr.
— 8, $p = $ 2.710 —
— 9, $p = $ 3.200 —

et les moments fléchissants maximum ont pour valeur :

Membrure n° 7, $Mf = $ 120.000 kilogrammètres.
— 8, $Mf = $ 135.500 —
— 9, $Mf = $ 151.000 —

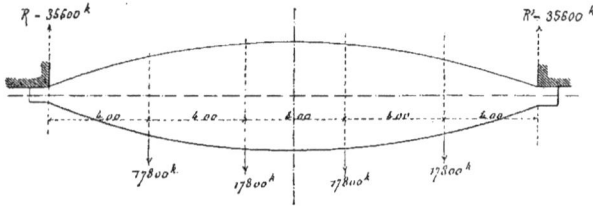

Aux moments fléchissants dus aux charges uniformément réparties, faut ajouter celui qui provient des réactions des aiguilles, et l'on obtient :

Total Mf, membrure n° 7, 120.000 + 213.600 = 333.600 kgm.
— — 8, 135.500 + 213.600 = 349.100 —
— — 9, 151.000 + 213.600 = 364.600 —

Le moment d'inertie des membrures est égal :

$$I = 0,150.558 \text{ et } \frac{I}{n} = 0,066.500.$$

De l'équation générale $Mf = \frac{RI}{n}$, on déduit :

Membrure n° 7. $R = \frac{333.000}{66.500} = 5^k,01$ par $^m/_m$ carré.

— n° 8. $R = \frac{349.100}{66.500} = 5^k,25$ id.

— n° 9. $R = \frac{364.600}{66.500} = 5^k,48$ id.

Calculs des membrures n°s 4, 5 et 6.

Calculs des membrures n°s 4, 5 et 6.

Membrure n° 4.

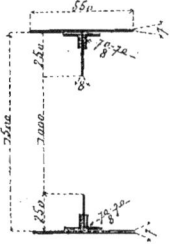

Ces pièces reposent sur 2 appuis espacés de 20 mètres et supportent des charges uniformément réparties qu'on peut évaluer, par mètre courant, comme ci-après :

Membrure n° 4, $p = 1,150$ kilogr.
— n° 5, $p = 1,470$ —
— n° 6, $p = 1,780$ —

Les moments fléchissants maximum ont pour valeur :

Membrure n° 4, $Mf = 57.500$ kilogrammètres.
— n° 5, $Mf = 73,500$ —
— n° 6, $Mf = 89,000$ —

Membrure n° 5.

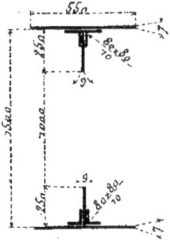

et les moments d'inertie :

Membrure n° 4. $I = 0,0082016$ et $\frac{I}{n} = 0,010836$.

— n° 5. $I = 0,009322$ et $\frac{I}{n} = 0,012314$.

— n° 6. $I = 0,011204$ et $\frac{I}{n} = 0,014780$.

De l'équation générale $Mf = \frac{RI}{n}$, on déduit :

Membrure n° 4. $R = \frac{57.500}{10.836} = 5^k,30$ par $^m/_m$ carré.

Membrure n° 6.

— n° 5. $R = \frac{73.550}{12.314} = 5^k,97$ id.

— n° 6. $R = \frac{89.000}{14.780} = 6^k,02$ id.

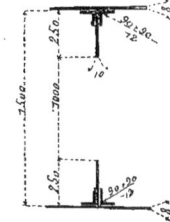

Il résulte des calculs qui précèdent, que dans les conditions les plus défavorables, les divers éléments de la porte ne travailleront pas à plus de 6 kilogr. par $^m/_m$ carré.

Cale de halage et ateliers de réparations.

La cale de halage sera construite avec une pente de 10 centimètres par mètre; elle aura son pied sur la ligne du quai à 5 mètres sous basse mer; elle sera pavée et portera quatre files de rails sur lesquelles circuleront des chariots disposés de façon à être réunis et accouplés pour permettre de haler à terre les embarcations à visiter au moyen d'un treuil mis en mouvement par l'eau comprimée.

Pour compléter l'organisation des moyens de visite et de réparation des navires, on construira, sur le terre-plein, des ateliers munis d'un outillage convenable et appropriés aux travaux du bois et des métaux.

Ces ateliers seront reliés aux bassins par des voies ferrées. En outre, on montera sur le quai, à proximité du grand bassin de radoub, une mâture et d'autres engins de plus petite dimension, qui permettront de faire les grandes et les moyennes manutentions de pièces diverses, à bord des navires.

Appareils de manutention à eau comprimée.

Les quais, magasins, docks, etc... seront pourvus d'installations pour la manutention des marchandises, pour le levage des fardeaux, même pour le roulement des véhicules; à cet effet, on montera sur rails des grues hydrauliques, fonctionnant avec de l'eau comprimée, en nombre suffisant pour répondre à tous les besoins du trafic. Elles circuleront au-dessus des voies ferrées sans gêner le mouvement des wagons et pourront être facilement déplacées. Il y en aura de plusieurs forces et nous croyons que pour la première période, il faudrait 10 grues de 1,500 kilos pouvant lever 3,000 kilos, 2 ou 3 grues fixes de 10 tonnes et une mâture de 100 tonnes.

L'eau comprimée sera amenée au moyen d'un raccord avec les prises d'eau; on pourra s'en servir dans toute l'étendue du port.

Il sera utile de mettre sur quelques points des quais, des cabestans hydrauliques destinés à faire la traction longitudinale et transversale des wagons, le roulement des tonneaux etc...

Ces engins hydrauliques seront mis en mouvement par l'eau comprimée d'un accumulateur à établir sur les nouveaux terrains du port, près la roche d'Obidos.

L'eau comprimée sera distribuée, dans toute l'étendue du port, au moyen de conduites posées dans les égouts ; les prises d'eau seront à la surface du pavage, de façon à ne nuire en rien à la circulation.

L'usine de compression à établir sur les terrains d'Obidos comprendra un groupe de machines à vapeur de 250 chevaux de force et deux accumulateurs à 50 atmosphères desservant deux lignes particulières de conduites, qui pourront être réunies pour la facilité des réparations,

Les dispositions seront prises pour permettre qu'une seconde installation puisse être faite près de la première après que l'expérience en aura été faite et que les besoins le commanderont.

L'usine de compression comprendra aussi un atelier pour la réparation et l'entretien des engins que nécessite l'emploi de l'eau comprimée, de telle façon que sa production soit l'objet d'une exploitation spéciale, séparée des autres services du port.

Pour toutes ces installations, on tiendra compte des progrès réalisés récemment pour des constructions analogues à Anvers, à Dunkerque et au Havre.

Description de l'ensemble de l'Usine.

La planche 20 indique les dispositions qui ont été adoptées pour l'ensemble de l'usine. Les accumulateurs, réservoirs d'eau comprimée, sont placés sur le devant, au nombre de deux ; une place est réservée pour un troisième accumulateur en cas de besoin. La conduite principale de distribution part de ces appareils, qui sont immédiatement sur la rue où passe cette conduite principale.

La salle des pompes de compression et des machines à vapeur qui les actionnent directement, est immédiatement à la suite des accumulateurs. On remarque dans cette salle les dispositions accesssoires suivantes :

1° La bâche d'alimentation des pompes, surélevée pour que l'eau pénètre en charge, et non par aspiration, dans les pompes de compression, et qui reçoit l'eau qui fait retour des appareils de manutention après son effet produit, au moyen de la conduite de retour d'eau.

2° Pompe alimentaire de ladite bâche.

3° Condenseur par surface permettant d'employer, à la condensation, l'eau salée amenée par un aqueduc spécial.

4° Pompes de circulation et pompes à air de ce condenseur.

5° Tuyauterie pour le service des différents appareils.

Derrière la salle des machines se trouve la batterie des générateurs, en sous-sol et de plain-pied avec les soutes à charbon voûtées, ménagées sous la cour. Ces soutes reçoivent le combustible par des regards au-dessus desquels sont déchargés les wagons, qui entrent dans la cour et retournent ensuite, vides, sur la voie de la rue latérale par le moyen de plaques tournantes. Un atelier de réparation et un magasin sont disposés à côté des salles de machines et chaudières.

On a réservé la place nécessaire pour que cette installation soit doublée lorsque le besoin s'en fera sentir par suite du développement du commerce dans le port.

La cheminée sera édifiée de manière à pouvoir, par sa position et ses dimensions, desservir les deux installations.

Accumulateurs.

Il y a peu de chose à dire au sujet des accumulateurs, qui sont des appareils connus, composés d'un cylindre en fonte dans lequel se meut un piston plongeur, passant dans une garniture de presse hydraulique, et chargé d'un poids équivalent à la pression d'eau que l'on veut obtenir, et qui est ici de 60 kilos par centimètre carré. Ce poids est obtenu par des matières lourdes ou du lest, contenus dans une cuve en tôle qui s'élève ou descend avec le piston hydraulique.

Ces appareils ont les dimensions suivantes :

Diamètre du piston . . . .   510$^m/_m$.
Course utile du piston. . . . . .   8^m,000.
Capacité totale . . . .   1600 litres.

Ils sont munis de tous les accessoires de sécurité utiles pour assurer leur service régulier et parer à tout accident, en cas où le fonctionnement laisserait à désirer pour une cause quelconque, savoir :

1° Guidage latéral du piston et poutre de butée supérieure s'opposant à ce que le piston dépasse la course qu'il doit parcourir.

2° Valve de fermeture de vapeur ou d'admission, commandée par le mouvement du piston hydraulique pour arrêter la machine motrice au moment où l'accumulateur est plein, et la remettre en marche, automatiquement, lorsqu'il se vide.

3° Soupapes de sûreté ou de décharge se soulevant dès que l'eau atteint une pression limite qu'on ne veut pas dépasser : au cas particulier, 65 kilos par centimètre carré.

4° Soupape de chute empêchant au contraire l'abaissement brusque du piston de l'accumulateur en cas de rupture dans la conduite d'eau comprimée.

5° Disposition spéciale du piston permettant l'évacuation directe de l'eau à l'extrémité de course pour que celle-ci ne soit pas dépassée.

6° Robinets d'arrêt et de communication disposés convenablement pour relier ou séparer les accumulateurs entre eux ou avec la conduite générale.

Canalisations.

La distribution de l'eau comprimée aux différents appareils qu'elle doit faire fonctionner se fait par une canalisation dont le tracé d'ensemble est représenté sur le plan n° 19.

Avec les dispositions adoptées et les accumulateurs placés aux points convenables de cette canalisation, on peut obtenir une distribution d'eau très satisfaisante avec des diamètres de conduite assez restreints, soit 140^m/^{m} pour les conduites principales, 113^m/^{m} et 80^m/^{m} pour les conduites secondaires, 62^m/^{m} et 40^m/^{m} pour les branchements, sans que la vitesse de l'eau dépasse le chiffre de 2 mètres par seconde, généralement admis. Les tuyaux sont alors, suivant les usages ordinaires, en fonte, avec brides ovales aux extrémités, présentant un emboîtement à gorges tournées et alésées pour loger une rondelle en gutta-percha qui assure l'étanchéité du joint.

Tous les cent mètres et à l'emplacement des prises d'eau, on disposera des manchons, à allongements dits télescopiques dont le but est de favoriser la dilatation des conduites, de faciliter le montage et le démontage des tuyaux en cas de réparations, et enfin d'obtenir la possibilité d'un certain déplacement longitudinal sans inconvénient pour la distribution.

Les conduites de retour d'eau sont établies côte à côte des conduites de distribution. Elles consistent en tuyaux ordinaires, à emboîtements et cordon, d'un diamètre supérieur à celui des conduites d'eau sous pression correspondantes et variant de 100 à 200 millimètres.

Enfin, pour compléter le système de canalisation, des robinets d'isole-

7

ment sont prévus, non seulement pour chaque appareil, mais encore en des points convenables des canalisations pour éviter que l'arrêt momentané du service dans l'une des parties entraîne l'arrêt dans les autres parties.

Outillage hydraulique du Port.

L'outillage hydraulique, pour la manutention des marchandises du port comprend :

1° Des grues de plusieurs systèmes et de plusieurs forces :

a. — Grues roulantes à la voie du chemin de fer, à double puissance, de 1,500 à 3,000 kilos, montées sur un truck à béquilles pouvant venir sur le bord du quai. Elles ont une volée de 9 mètres et une course de crochet de 8 mètres.

b. — Grues sur arcades roulant sur une voie spéciale et permettant le passage des wagons chargés. Ces grues sont de deux forces différentes; quoique construites sur le même type. Les premières peuvent lever des fardeaux jusqu'à 3,000 kilos en développant, à volonté, par des combinaisons spéciales, quatre puissances différentes : 750 kil., 1,500 kil., 2,250 kil. et 3,000 kil. Les secondes peuvent lever des fardeaux jusqu'à 6,000 kilos, en développant, aussi à volonté, les quatre puissances suivantes : 1,600 kil., 3,000 kil., 4,500 kil. et 6,000 kilos.

La volée de ces grues peut varier de 7 à 12 mètres, et la course du crochet peut être de 10 à 12 mètres également.

c. — Grues fixes sur quai de 10 tonnes de puissance pour opérer le déchargement des poids importants, comprenant surtout l'armement des navires. Ces grues sont établies à pivot à 1m,50 environ du bord du quai. L'appareil d'élévation et ceux d'orientation sont disposés au-dessus de la plate-forme pour ne pas gêner la manœuvre.

2° Une machine à mâter ou bigue de 100 tonnes, établie près des cales de radoub, pouvant prendre une volée de 9 mètres en dehors de l'aplomb du quai, rentrant de 4 mètres en arrière de cet alignement, pour effectuer le chargement sur wagon. Sa hauteur prévue est de 27 mètres au-dessus du quai. Les dispositions mécaniques de cet appareil permettent de varier la puissance disponible pour l'élévation des fardeaux et d'obtenir, à volonté, les efforts de : 33,000 kil., 50,000 kil., 66,000 kil. et 100,000 kil.

Nous insistons tout particulièrement sur ces dispositifs qui permettent de faire varier la force suivant quatre puissances déterminées, ce qui est nouveau et constitue, au point de vue de la dépense d'eau comprimée, une économie très réelle, en donnant la possibilité de réduire cette dépense en raison du moindre poids à élever, ce qui n'a pas lieu d'habitude. Avec les grues ordinairement en usage, on dépense autant d'eau comprimée pour lever un poids de 500 kilos que pour lever un poids de 1,000 ou 1,500 kilos, où le poids maximum que peut soulever la grue. Cet inconvénient n'existe plus avec les appareils prévus à quatre puissances. Et cet avantage nous a paru devoir être signalé d'une manière toute spéciale.

3° Les cabestans hydrauliques pour divers usages, savoir :

a. — Pour halage des navires, cabestans à deux puissances et deux vitesses, soit :

1 tonne à la vitesse de $0^m,75$ par seconde,

2 — 1/2 — $0^m,30$ —

soit :

1 tonne à la vitesse de $0^m,75$ par seconde,

5 — — $0^m,15$ —

b. — Pour la manutention des grues mobiles ou des wagons de chemin de fer ou autres véhicules, cabestans de 1/2 tonne exerçant une traction de 500 kilos à la vitesse de 1 mètre par seconde. Ces derniers cabestans sont établis sur deux types, suivant que l'on peut disposer ou non d'une fosse étanche d'une assez grande profondeur. Dans le premier cas, l'appareil est fixe et peut être visité et réparé par dessous; dans le second cas, il peut se retourner autour d'un axe, position dans laquelle il est facile de le nettoyer ou de le réparer. Ces appareils de manutention sont représentés par les plans nᵒˢ 21 et 22. Les dispositions en sont suffisamment connues pour qu'il ne soit pas utile de les décrire plus longuement ici. Les bons résultats donnés par ces appareils dans les ports d'Anvers, du Havre, de Saint-Nazaire, Dunkerque, etc., justifient d'ailleurs leur emploi.

Pont roulant.

Les installations hydrauliques du port sont complétées par l'établissement d'un pont roulant, à soulèvement et traction hydraulique, sur la tête du bassin de radoub de l'Arsenal, qui présente 18 mètres de portée biaise, soit 20 mètres de portée droite, à deux voies de chemin de fer.

La planche 23 montre qu'il se compose d'une ossature métallique de 40 mètres de longueur et de 8 mètres de largeur supportée en son centre de gravité par une plate-forme rigide, montée sur quatre presses hydrauliques et pouvant, par le fait de l'admission de l'eau comprimée dans les presses, être soulevé jusqu'à ce que les galets de roulement du pont soient au niveau des rails de la voie de roulement A ce moment, un dispositif de verroux permet de caler la plate-forme, et, en agissant sur un treuil hydraulique à changement de marche, disposé sous le pont, on opère la traction nécessaire, dans le sens voulu, sur la chaîne attachée aux deux extrémités pour obtenir soit l'ouverture soit la fermeture de la passe.

Tous ces mouvements sont obtenus par un dispositif de soupapes à levier qu'un seul homme peut faire manœuvrer successivement. Nous rappelons qu'un accumulateur, de 1,600 litres de capacité, sera disposé auprès de cet ouvrage pour que sa manœuvre ne nuise pas au service général de la distribution de l'eau comprimée.

Calcul de la dépense d'eau comprimée.

Pour justifier l'importance des installations projetées, on est parti de la donnée d'une manutention à opérer de 1,500,000 tonnes par an, effectuée en 300 jours de travail de chacun 10 heures : soit donc à manutentionner 500 tonnes par heure; et l'on a compris qu'il fallait faire face à l'élévation, par grues ou appareils divers, de ce tonnage à une hauteur moyenne de 12 mètres et à la translation horizontale, dans le même temps, à 12 mètres aussi en moyenne.

Il faut enfin effectuer le halage des navires, wagons et autres véhicules transportant ce tonnage dans l'intérieur du port.

Le chiffre de 500 tonnes par heure correspond, par seconde, à $\frac{500.000 \text{ k}}{3.600 \text{ k}} = 138^k,80$, soit à 140 kilos par seconde.

L'élévation de ce poids à 12 mètres de hauteur exige une puissance nette de $140^k \times 12^m = 1680^{km}$ ci. . . . . 1680^{km}

La translation par les appareils de levage exigera un quinzième environ de cette puissance, soit. . . . . 112^{km}

Ensemble par seconde. . . . . 1792^{km}

Soit $1,800^{km}$.

Et comme le rendement effectif des appareils hydrauliques ne peut guère être évalué à plus de 25 0/0, la puissance motrice nécessaire sera $\frac{1.800 \ km}{0.25} = 7200^{km}$ Cette puissance étant produite par de l'eau comprimée à 50 atmosphères ou tombant de 500 mètres de hauteur, il faudra, pour l'obtenir, un volume d'eau comprimée de $\frac{7.200 \ km}{500 \ m.} = 14^{lit.} 4$, soit . . . . $15^{lit.}$

Le halage des navires, wagons et autres véhicules, peut être considéré comme donnant lieu à une dépense d'eau comprimée de 1/3 de celle ci-dessus, soit . . . . $5^{lit.}$

Et en ajoutant pour les pertes diverses par les canalisations et appareils une dépense par seconde de $\frac{1}{5}$ soit . . . . $4^{lit.}$

La consommation d'eau comprimée à prévoir normalement par seconde est de. . . . . $24^{lit.}$

Volume des accumulateurs.

Mais il faut considérer que pour faire face à un service plus actif, dans certains moments, il est nécessaire d'accumuler une partie de la force motrice pour la dépenser dans ces périodes ; on l'estime à $\frac{1}{4}$ de la puissance normale, soit 6 litres.

Les pompes devront donc pouvoir produire, par seconde, un volume de 30 litres d'eau comprimée à 50 atmosphères. Dans ces conditions, en admettant que les alternances de plus grande activité aient lieu en moyenne pendant $\frac{1}{3}$ du temps, soit 20 minutes par heure, on accumulera pendant 20 minutes, ou 1200 secondes, 6 litres d'eau par seconde, ou 7200 litres. C'est le volume minimum que devront présenter les accumulateurs. Dès lors les dépenses d'eau comprimée motrice pourront être, par seconde :

Dans la période normale, 24 litres pour la manutention de 500 tonnes par heure.

Dans celle de plus grande activité, 36 litres pour la manutention de 750 tonnes par heure.

Dans celle de moindre activité, 18 litres pour la manutention de 375 tonnes par heure.

On assurera ainsi le service dans les meilleures conditions. On aura d'ailleurs la possibilité d'augmenter encore, dans certains jours, la vitesse des pompes de compression, lesquelles, établies pour une vitesse normale de 30 tours par minute, pourront être accélérées jusqu'à une marche de 36 tours.

Les accumulateurs seront au nombre de cinq d'une capacité de 1,600 litres chacun, offrant ainsi ensemble une réserve de 8,000 litres d'eau comprimée. Ils sont placés :

Deux auprès des machines de compression (l'emplacement d'un troisième accumulateur est réservé).

Un, à l'extrémité Ouest du port, près de la mâture et des cales de radoub.

Un, à l'extrémité Est près du pont roulant.

Un sur le parcours de la conduite à l'un des angles de la darse des Transatlantiques.

Puissance des machines de compression.

Pour produire normalement, par seconde, 30 litres d'eau comprimée à 50 atmosphères, les pompes devront effectuer la compression à 60 kilos par centimètre carré, afin de parer aux pertes de charge dans les conduites, aux frottements et diverses autres causes de dépression. La force totale des machines doit donc être $30^l \times 600^m = 18.000^{km}$ soit en chevaux effectifs $\frac{18.000}{75} = 240$ chevaux, soit 250 chevaux.

Cette puissance sera obtenue par un ensemble de deux machines de chacune 125 chevaux, conjuguées de manière à présenter la plus grande régularité possible dans le travail, mais pouvant cependant être séparées et produire, chacune, la moitié du travail total en cas d'avarie à l'une d'elles.

Système adopté pour les machines et dimensions principales.

Chaque machine est à détente et à condensation et constituée de deux cylindres (petit et grand) agissant sur des manivelles à 180°, suivant le système Woolf, et conduisant directement par chaque tige de piston les pompes de compression. Les dimensions principales seraient les suivantes :

Diamètre du petit cylindre à vapeur   480^{mm}.
     —   du grand   —   1.080^{mm}.
     — des pompes de compression   146^{mm}.
Course commune . . . . 1.000^{mm}.

Chaque pompe doit fournir par seconde 7^l,5 ; il y en aura quatre.

Ces pompes de compression sont à simple effet à l'aspiration et à double effet au refoulement. La cylindrée d'aspiration doit être de 15^l, soit pour tenir compte des pertes $\frac{15^l}{0,9} = 16^l,66$, ce qui conduit, avec une course de 1^m, à une section de 0^{m2}.016666 et au diamètre indiqué de 146^{mm}.

La tige doit avoir une section de moitié environ, soit 0^{m2},008333 et un diamètre de 103^{mm}.

La quantité d'eau douce employée pour le service normal est d'environ 120^{m3} par heure soit 1,200^{m3} par jour. S'il fallait prélever cette eau sur la distribution d'eau de la ville, ce serait une dépense assez élevée qu'on évitera par l'installation d'une canalisation de retour qui permettra de se servir toujours de la même eau et de n'avoir à demander au service de la ville que l'eau correspondant aux pertes inévitables.

Les chaudières destinées à fournir la vapeur aux appareils de compression sont au nombre de cinq, de chacune 80^m de surface de chauffe, dont quatre seront en feu lorsque l'ensemble des machines sera en fonctionnement, la cinquième restant en réserve.

Chemins de fer.

L'établissement des voies ferrées comprendra deux groupes séparés.

1° Les voies de jonction et de circulation entre les deux gares *(Pl. 24)*, posées sur les terrains à conquérir sur le Tage, seront isolées de la circulation des voitures par une grille dont la disposition n'a que peu d'importance. Pour toutes les parties longeant les voies de grande circulation, entre Alcantara et l'Arsenal, on pourrait mettre une grille en fer sur un soubassement en maçonnerie et faire autant d'ouvertures qu'il sera nécessaire. Une grille plus importante pourrait être établie en face la « Praça do Commercio » ; pourtant, au point de vue de l'aspect, nous sommes porté à croire qu'il vaudrait mieux enclore le chemin de fer par des grilles légères, avec des ouvertures correspondant à chaque côté de la place.

Un système de signaux, faciles à manœuvrer, indiquerait le passage des trains. Ces signaux pourront être faits par deux ou trois postes sémaphoriques d'aiguilleurs, échelonnés sur la longueur de la voie.

Les voies à poser seront du type employé par la Compagnie des chemins de fer. On poserait d'abord, mi-partie sur les terrains actuels et sur des remblais à apporter, les voies permettant la jonction des deux gares, pour qu'elle puisse être opérée à bref délai.

La traversée de l'Arsenal serait à peu près la seule sujétion pour le passage des voies. On serait obligé de faire des ouvrages provisoires sur les cales actuelles pour permettre leur emploi jusqu'à ce que les nouvelles puissent être mises à la disposition de la marine. Il sera en outre nécessaire de construire un pont mobile pour franchir l'entrée du bassin de radoub. Ce pont pourrait être tournant ou roulant; nous avons pensé que cette dernière disposition conviendrait mieux pour le cas dont il s'agit, parce qu'elle occupe moins de place.

Le plan n° 23 montre les dispositions spéciales de cet ouvrage.

La construction en sera très simple et le roulement pourra se faire sur les rails mêmes de la voie; l'intervention de l'eau comprimée décrite au précédent paragraphe rendra cette manœuvre très prompte, et comme on n'aura à l'exercer que pour l'entrée et la sortie d'un navire, la sujétion aura peu d'importance pour l'exploitation.

L'Arsenal pourra être fermé aux deux extrémités et les portes ne seront ouvertes que pour le passage des trains.

On amènera la voie à sa place définitive à mesure que les terre-pleins s'élargiront; les terrains en arrière, devenus disponibles, seront aliénés ou vendus.

Tous les passages à niveau seront munis de contre-rails et pavés; la voie sera d'ailleurs posée sur un ballast très soigné. Il est assez probable que, pour la première période d'exploitation, on sera obligé de mettre des surveillants aux passages à niveau; mais cette sujétion pourra être supprimée quand la population sera habituée à la circulation des machines.

A partir de la Roche d'Obidos, les voies de jonction seront réunies en une seule qui s'élèvera en rampe de 8 à 10 millimètres par mètre et en courbe pour passer, à l'aide de ponts métalliques, par dessus les voies nouvelles et la rue du 24 juillet.

Ces ponts, supportés par des culées en maçonnerie et des colonnes en fonte ne demanderont qu'une petite épaisseur entre les rails et le dessous des poutres, qui devra être lui-même à la hauteur réglementaire au-dessus des voies inférieures.

Ces ponts, dont nous n'avons pas cru devoir faire une étude spéciale, seront analogues à ceux de chemins de fer ; on pourra y adopter une décoration en harmonie avec leur importance et leur situation.

Nous pensons qu'il sera facile de trouver une combinaison pour faire passer le chemin de fer dans la rue Velha, de façon à ne pas trop apporter de trouble dans la circulation et les propriétés. La voie de jonction pourrait ainsi aboutir à la gare d'Alcantara sans trop de difficultés.

2° Une autre voie pourra partir de la gare d'Alcantara pour suivre le ruisseau du même nom, canalisé, et aboutir perpendiculairement aux nouveaux quais avec une série de déviations qui desserviraient, d'une façon efficace et tout à fait économique, divers terrains importants destinés à des usines ou à des entrepôts de marchandises.

3° En dedans de la voie de jonction des gares, il y aura une voie spéciale de manœuvre permettant de s'aiguiller sur toutes les voies de service aboutissant aux docks, aux magasins et aux quais.

Nous avons tracé des voies de service sur les quais pour démontrer la possibilité d'accéder sur tous les points. Il est vraisemblable que les dispositions figurées subiront des modifications de détail lors de l'exécution, mais il n'en ressort pas moins que tous les points du port et des magasins, composant l'ensemble des docks projetés, peuvent être accessibles par des voies, sans plaques tournantes. Une locomotive peut prendre et amener facilement d'un point quelconque autant de wagons que les besoins des navires en réclament. Ces dispositions générales n'empêcheront pas de faire les installations spéciales que certaines manutentions particulières pourraient exiger.

L'Arsenal profitera également, dans une large mesure, de la présence de la voie ferrée dans son enceinte ; il pourra recevoir et expédier directement avec ses voies de raccordement et faire sur rails, à l'intérieur, les manipulations de ses fardeaux.

Cet avantage compensera largement l'inconvénient de donner passage à la voie de jonction des deux gares.

L'exploitation du chemin de fer de jonction et des voies ferrées du port ne nous paraît pas présenter d'inconvénients, ni de dangers pour la circulation ; on s'habitue promptement à la manœuvre des machines et au passage des trains. On doit désirer que cette circulation devienne tellement intense qu'elle oblige à élever le chemin de fer sur des colonnes comme à New-York, pour dégager la circulation inférieure du port.

8

Les voies de jonction auront une longueur de
$\begin{cases} \text{double voie.} & \text{4 kil.} \\ \text{simple voie.} & \text{1 — 2} \end{cases}$

Les voies de manœuvre du port. . . . . 20 —

Les voies du quai . . . . 6 —

Embarcadères flottants.

Pour l'embarquement et le débarquement des passagers, qui circulent sur les vapeurs des services locaux du port, nous avons projeté d'établir, contre la ligne des quais, quatre embarcadères flottants dont les dispositions sont définies par les plans nᵒˢ 17 et 18.

Chaque embarcadère est composé d'un ponton flottant, réuni au quai par une passerelle. Les pontons auront 30 mètres de longueur sur 8 mètres de largeur et 2ᵐ50 de hauteur. Ils caleront environ 1 mètre et émergeront, par conséquent, de 1ᵐ50. Ils seront entièrement en fer et de forme rectangulaire. Dans le sens de leur longueur, ils seront divisés en 6 compartiments séparés, tous les 5 mètres, par des cloisons étanches, de sorte qu'en cas d'accident en un point quelconque du ponton, une des chambres pourrait se remplir sans le mettre en péril.

Entre les cloisons étanches, le fond sera soutenu transversalement par des membrures de 0ᵐ60 de hauteur, espacées tous les 0ᵐ55. Longitudinalement, toutes les membrures sont reliées par deux lignes de poutres à croisillons, ou carlingues, qui viendront s'assembler à leurs extrémités avec les cloisons étanches.

Le pont est formé d'un platelage en pitch-pine de 0ᵐ10 d'épaisseur, posé sur des barrots en cornières de 100/80.

Pour protéger le ponton contre le choc des accostages, on l'a garni, sur tout son pourtour, de deux ceintures en pitch-pine, de 0ᵐ20 de largeur sur 0ᵐ15 d'épaisseur, solidement fixées au bordé, et de montants en bois de mêmes dimensions, placés entre les ceintures, au droit des cloisons étanches.

Chaque compartiment est muni d'une pompe pour l'assèchement et de trous d'homme, avec échelles, pour la visite et l'entretien.

Les pontons sont fixés au quai au moyen de glissières, leur permettant de suivre toutes les oscillations de la mer, tout en assurant la verticalité de leurs ascensions et de leurs descentes.

Leur amarrage sera obtenu par des chaînes enroulées sur les bollards placés aux quatre angles, de façon que, par leur tension, elles maintiennent les pontons constamment en contact avec les poteaux leur servant de guides.

La communication entre le ponton et le terre-plein du quai sera obtenue par une passerelle de 25 mètres de longueur sur 3 mètres de largeur, composée de 2 poutres en treillis ayant la forme d'un solide d'égale résistance. Elles sont à croisillons et forment garde-corps; elles sont reliées inférieurement par des poutrelles en treillis de 0^m60 de hauteur, formées par 4 cornières de 60/60, et par un contreventement horizontal en croix de Saint-André.

Les poutrelles supporteront un plancher en madrier, recouvert d'un platelage en bois blanc, pour faciliter la circulation.

A leurs extrémités supérieures, les poutres sont fixées sur l'arête saillante du quai au moyen d'axes reposant sur des coussinets en fonte, reliés à la maçonnerie. Elles tournent autour de ces axes en suivant le mouvement de la marée.

A leur partie inférieure, elles glissent par l'intermédiaire de rotules en fonte, qui se meuvent dans des coulisses fixées sur les pontons.

Le raccordement entre les pontons et les passerelles se fait à l'aide de deux petits tabliers mobiles placés à chaque extrémité de ces dernières.

Calculs des Poutres.

Les poutres et poutrelles ont été calculées pour supporter une surcharge de 400 kilos, uniformément répartis par mètre carré, le travail du fer ne dépassant pas 6 kilos par $^m/^m$ carré.

Nous estimons comme suit le poids, par mètre courant, des différentes charges agissant sur les poutres :

Poids des métaux. . . . . 1.000 kilos.
Poids du platelage. . . . . . . 300 —
Surcharge d'épreuve. . . . . . 1.200 —
TOTAL. . . . . . 2.500 kilos.

Soit pour chaque poutre et par mètre courant :

$$\frac{2.500}{2} = 1.250 \text{ kilos.}$$

Le moment fléchissant est maximum au milieu de la portée.

En ce point, il a pour valeur :

$$M_f = \frac{1250 \times 25^2}{8} = 97.450 \text{ kilogrammètres.}$$

Le maximum de compression et de tension dans les nervures des poutres est égal à :

$$\frac{97.450}{2.80} = 34.800 \text{ kilos.}$$

La section des nervures est de 6030 $^m/^m$ carrés, elle est constante sur toute la longueur des poutres ; elle se compose de 2 cornières de 80/80 sur 11 $^m/^m$ d'épaisseur et d'une âme de 250 $^m/^m$ sur 11 $^m/^m$.

Le travail du fer sera, par suite, égal à :

$$R = \frac{34.800}{6.030} = 5 \text{ kilos } 77 \text{ par } ^m/^m \text{ carré.}$$

Les réactions, sur les appuis, s'élèvent à :

$$A = \frac{1250 \times 25}{2} = 15.625 \text{ kilos}$$

L'effort tranchant supporté par la 1re barre de treillis a pour valeur.
$$F = 13.750 \text{ kilos}$$

Cette barre est inclinée à 50° et a 3740 $^m/^m$ de section, elle est formée par 2 cornières de 70/70.

L'effort, suivant l'inclinaison, est égal à :

$$F = 17.950 \text{ kilos}$$
$$\text{d'où } R = \frac{17950 \times 1.25}{3740} = 6 \text{ kilos}$$

Par une série de calculs analogues, nous nous sommes rendu compte qu'en aucun point de la construction, le travail du fer ne dépassait pas 6 kilog. par $^m/^m$ carré.

Calculs des Poutrelles.

Les poutrelles seront considérées comme reposant sur deux appuis espacés de 3 mètres.

Elles doivent supporter leur propre poids, le platelage et la surcharge d'épreuve.

L'ensemble de ces charges peut être évalué à 1.050 kilos par mètre courant.

Le moment fléchissant maximum, au milieu des poutrelles, a pour valeur :

$$M = \frac{1050 \times 3^2}{8} = 1.180 \text{ kilogrammètres.}$$

Les poutrelles ont 600 $^m/^m$ de hauteur sur toute leur longueur, elles se composent de 4 cornières de 60/60 sur 7 $^m/^m$. Le moment d'inertie de cette section sera égal à $I = 0.0002535$ et le terme $\frac{I}{n} = 0.000845$.

$$\text{d'où } R = \frac{1.180}{845} = 1 \text{ kilog. 40 par } ^m/^m \text{ carré.}$$

Sous le maximum de charge, le fer ne travaillera qu'à raison de 1 kil. 40 par $^m/^m$ carré.

Assainissement et Égouts.

L'écoulement des eaux dans les égouts actuels de la ville et l'assainissement des grandes surfaces de terrain, quasi horizontal, qu'on doit conquérir sur le Tage, nécessitent la construction d'un grand collecteur et de tout un système d'égouts. Le collecteur partirait des environs de la place du Commerce pour aboutir à Alcantara où il déboucherait dans la mer au-dessous du niveau des plus basses marées, c'est-à-dire du zéro.

La section de ce collecteur sera calculée pour recevoir les eaux de la ville et du port, et celles des pluies ordinaires; quant aux eaux des pluies d'orage, du reste assez rares à Lisbonne, comme elles sont, en général, moins chargées de détritus, il n'y aura aucun inconvénient à les envoyer directement à la mer, au moyen de déversoirs construits sur le parcours du collecteur. Cette disposition permettra de ne pas donner au collecteur des dimensions trop importantes, qui ne seraient pas en rapport avec les besoins journaliers.

Pour déterminer les dimensions de l'égout, on peut considérer le chiffre $1^{m\,3}$, à débiter par seconde, comme amplement suffisant, et admettre que le surplus, résultant des pluies d'orage, sera conduit directement à la mer par les 2 égouts actuels de la Place du Commerce et par les déversoirs de trop-plein, qu'on établira à 0,20 au-dessus du niveau moyen de l'eau, dans la cunette du collecteur, aux endroits où descend une grande quantité d'eau des coteaux.

Le collecteur ayant une cunette de 1^m50 de largeur, 0^m80 de hauteur d'eau moyenne, une pente longitudinale de 0,50 par kilomètre, suivrait la rue de « l'Arsenal », traverserait en diagonale la place « Corpo Santo », pour passer devant « l'Hôtel Central » ; il suivrait ensuite la rue du « 24 juillet » jusque vis-à-vis de la Compagnie du Gaz, puis la direction d'Alcantara, parallèlement au chemin de fer et il déboucherait alors à la mer, en débitant un volume d'eau suffisant pour délayer les détritus, qui seront entraînés par le jusant.

Plus tard, si on le désire, on pourra, prolonger l'égout au delà de la place du Commerce, quoiqu'en réalité l'utilité n'en paraît pas démontrée, quant à présent (1).

Résumé des Égouts à construire.

A Egout collecteur . . . . 3.600^m de long^r.

B Égouts à déversoir, munis de vannes à clapet, débouchant au Tage . . . . 1.300^m —

C Égouts des murs de quai, munis de vannes à clapet, déversant au collecteur ou au Tage . . . . . . 9.320^m —

---

(1) *A ce sujet, il nous a paru intéressant de proposer l'essai de l'élévation des eaux d'égout, par machine, de façon à les utiliser en irrigation et engrais sur les collines avoisinant Lisbonne. Il est très possible que cette expérience dispense de conduire les eaux d'égout plus loin, et que même le produit de l'eau élevée soit une compensation de la dépense, ce qui serait tout à fait intéressant pour le pays et pour le port de Lisbonne.*

Dans le cas où l'Administration du pays serait d'avis de prendre en considération l'élévation des eaux d'égout à 80 ou 100 mètres de hauteur, il faudrait installer des machines à vapeur pour actionner des pompes élévatoires. La force nécessaire pour élever à cette hauteur, 1 mètre cube d'eau environ par seconde, serait de 1.350 chevaux théoriques, soit 2.000 chevaux effectifs.

La dépense journalière pourrait être calculée comme suit :

Intérêt et amortissement de 2,500,000 francs . . . . . Fr.		683 »
20 tonnes de charbon à 25 francs . . . . —		500 »
Main-d'œuvre, mécaniciens, chauffeurs, etc. . . . . . . —		160 »
TOTAL . . . Fr.		1.343 »

soit par année, environ : 500,000 francs.

Il est évident que le produit de la vente de l'eau d'irrigation viendra en déduction de cette dépense ; il serait donc nécessaire d'estimer quelle pourrait être la valeur de ce produit en dehors de l'amélioration de la salubrité qui serait la conséquence de l'accroissement de la végétation.

On admet, en général, qu'un mètre cube d'eau par seconde peut suffire à irriguer 1,000 hectares de terrain.

D Égouts des rues de 2^{m}30 × 1^{m}30 réunissant les eaux ménagères et pluviales . . . . 4.800^m de long^r.

E Égout de 1^{m}40 × 0^{m}60 recevant les eaux ménagères et pluviales . . . . 10.600^m —

F Tuyaux de drainage à la surface. . . . . 9.500^m —

Les égouts du quai recevront une partie des eaux pluviales pour les conduire partie à la mer et partie au collecteur.

Le plan n° 24 indique la disposition générale de l'assainissement, l'emplacement et la section du collecteur, les déversoirs de grande pluie, les dimensions des égouts secondaires et tertiaires destinés à recueillir les eaux pluviales des quais et terre-pleins conquis sur le Tage.

Comme description des moyens d'assainir les terrains du port, nous avons déjà indiqué qu'il y aurait intérêt à ce que la construction des égouts fût rattachée à celle du port, mais nous n'avons pas à insister davantage sur ce sujet.

Pour la justification des dimensions adoptées, il nous a semblé intéressant de donner un aperçu du calcul qui a servi de base à leur détermination.

Calcul du débit.

Pour calculer les dimensions de la section de l'égout collecteur, il faut se rendre compte du volume d'eau que la ville de Lisbonne y enverra par seconde. Admettons que la distribution d'eau atteigne 100 litres par habitant et par jour, le volume d'eau débité sera de 30,000 mètres cubes. D'un autre côté, une pluie ordinaire donne, en moyenne, une hauteur d'eau de 0,005; si l'on estime que la surface du versant desservi par le collecteur soit de 1,200 hectares, le volume d'eau écoulé sera de

$$1,200 \text{ hectares} \times 0,005 = 60,000^{m3}.$$

D'autre part, le rapport de l'eau provenant de la distribution et de la pluie, à l'eau écoulée dans l'égout, étant de 0,74 on a :

$$\frac{(30,000^{m3} + 60,000^{m3}) \times 74}{100} = 66,000, \text{ soit } 70,000^{m3};$$

Soit en une seconde $\frac{70.000}{86,400} = 0^{m3}$ 810.

Si on comptait sur une pluie d'orage tout à fait exceptionnelle, donnant une hauteur d'eau de 0,011, on trouverait 1^{m3} 200 (1).

---

(1) *A Lisbonne, la moyenne annuelle de hauteur de pluie est d'environ 730 $^m/_m$ et cela en 112 jours, soit 6 $^m/_m$ environ par jour. L'année qui a donné le plus d'eau a été celle de 1876 (le 5 décembre, 110 $^m/_m$ en 24 heures) et on peut compter qu'en général, il n'y a guère de pluie supérieure à 50 $^m/_m$ par jour.*

A Paris, on admet qu'un hectare de terrain, en temps ordinaire, envoie à l'égout un volume de 0^{m3}, 0005 par seconde, et qu'en temps de pluie d'orage, ce volume s'élève à 0^{m3},0018; ce qui donnerait, pour les 1,200 hectares, en temps ordinaire, un volume de 0^{m3},600, et, en temps d'orage, 2^{m3},160.

Comme les grandes pluies sont fort rares à Lisbonne, il n'est pas nécessaire de calculer la section totale de l'égout, en vue de cette éventualité, puisqu'on doit établir des déversoirs pour assurer l'écoulement des eaux des pluies d'orage. Aussi croyons-nous qu'en adoptant comme volume à débiter le chiffre de 1^{m3},000, on satisfera amplement aux besoins du présent et à ceux de l'avenir.

La pente maximum qu'on peut adopter, pour que le radier de l'égout se trouve, à son point terminus, au-dessus du niveau de basses mers maxima, est de 0,0005 par mètre. C'est la pente du boulevard Saint-Michel à Paris; elle se rapproche de celle du collecteur de la Bièvre, rive gauche, qui est de 0^{m},000.447. Celle du collecteur d'Asnières est de 0,0008. Cette pente n'offre donc rien d'extraordinaire. Elle exige l'emploi soit de bateaux-vannes si la profondeur de la cunette le permet, c'est-à-dire, si elle a 1 mètre de profondeur, soit de wagons-vannes, ce qui est préférable d'adopter pour Lisbonne.

On doit espérer qu'à Lisbonne, le nettoyage pourra être favorisé par l'emploi des chasses, qu'on pourrait faire à basse mer au moyen d'eau retenue au moment de la pleine mer.

Calcul de la section de la Cunette.

GRAND COLLECTEUR. — *Section n° 1, de 2,000 mètres de longueur.*

Le Profil n° 1 donne une section totale d'environ 7^{m},50.

Si on admet que la hauteur de l'eau dans l'égout, soit de 0^{m},80, la vitesse, dans ces conditions, est donnée par la formule :

$$V = 56,86 \sqrt{\tfrac{1,35}{3,10}} \times 0,005 - 0,072$$
$$V = 0,759$$
$$\text{Soit } V = 0,76$$

vitesse très acceptable puisqu'une vitesse au-dessus de 0,70 suffit pour entretenir les égouts en bon état.

Le débit sera donné par la section mouillée, multipliée par la vitesse :

$$D = 1,35 \times 0.76 = 1,026.$$

Il en résulte que cette section débitera 1^{m3} d'eau quand le niveau de l'eau sera à 0^{m},20 en contre-bas des banquettes.

Cette section sera donc très suffisante pour le collecteur de la première section qui, comme nous l'avons vu, doit débiter le cube total des eaux d'égout.

Section n° 2, de 1,500 mètres de longueur.

Le collecteur recevant les eaux des 2e et 3e sections ne devra débiter que 0^{m3},80, si on répartit, d'après la densité des maisons sur la carte, les mètres cubes à débiter, de la manière suivante :

Section n° 1, 0^{m},20 ;
Section n° 2, 0^{m},50. C'est la section qui paraît la plus peuplée ;
Section n° 3, 0^{m},30.

Pour que ce collecteur, avec une vitesse de 0,76, débite 0^{m},80, il faudra une section de $S = \dfrac{0,80}{0,76} = 1^{m2},053.$

La largeur étant de 1^{m},50, largeur que l'on conserve uniformément pour n'avoir qu'un seul type de wagon-vanne, la profondeur sera, par suite, de 0,70.

Le profil n° 2 donne une section totale de 7^{m2},30.

Section n° 3, de 1,000 mètres de longueur.

Enfin, pour la 3e section, le collecteur devant débiter 0,30 avec une vitesse de 0,76,

Sa section sera de $\dfrac{0,30}{0,76} = 0^{m2},381$

Soit 0^{m2},40.

En maintenant la largeur de 1^{m},50 et la vitesse de 0,76, on arrive à une profondeur de 0,26, soit 0,30 en chiffres ronds.

Quant à la section totale, elle sera de 6^{m}90.

Sur tout le parcours de l'égout, qui est de 4 kil. 500 environ, il y aura deux ressauts de 0^{m},20 qui auront pour but d'accélérer la vitesse.

Dans le grand égout d'Asnières, on a, avant son débouché, fait un alignement droit pour ménager un ressaut, et un plan incliné, à forte pente, pour accélérer la vitesse.

9

CHAPITRE IV

Résumé des quantités d'ouvrages à exécuter

1° Murs de Quai.

Murs de quai fondés au moyen de caissons métalliques et
d'air comprimé à des profondeurs de 7 à 10 mètres, sous zéro. 2.065^m

Murs de quai comme ci-dessus, à des profondeurs de
10 à 13 mètres, sous zéro . . . . 1.400^m

Murs de quai comme ci-dessus, à des profondeurs de
13 mètres, sous zéro et au delà. . . . . 5.434^{m}10

TOTAL . . . . 8.899^{m}10

Murs de quai à deux faces, fondés comme ci-dessus, pour
les musoirs des darses de l'Entrepôt, de la Douane et de la
Marine . . . . 590^m

LONGUEUR TOTALE DES MURS DE QUAI. . 9.489^{m}10

Talus pavés ou empierrés, à l'extrémité des Darses, pour
la mise à terre des embarcations ou le halage des bois. . 510^m

2° Bassins de Radoub.

Maçonnerie ordinaire ou de béton pour la confection
des 3 bassins de radoub, des canalisations d'eau, des puisards des machines et des murs de quai les réunissant. . 60.000^{m3}

Maçonnerie de pierre de taille pour les seuils, banquettes, escaliers, couronnements, etc. . . . . 10.000^{m3}

Surface de parement des murs pour le soin des pare-
ments et la taille de la pierre . . . . 20.560^{m2}

Fer ou fonte pour les bollards, les anneaux, les tains et autres accessoires. . . . . 100.000 kil.

Fer, acier et bronze pour les 3 bateaux-portes servant à la fermeture des bassins avec tous les accessoires . . . . 800.000 kil.

Bronze, acier et fonte pour les vannes d'isolement des conduites d'épuisement et d'assèchement . . . . 20.000 kil.

Machinerie comprenant 4 machines à vapeur de 140 chevaux chacune, les pompes d'épuisement, les pompes d'assèchement et leurs machines, le tuyautage et le bâtiment d'abri, 10 chaudières de 68^m de surface, timbrées à 5 kilogs. 1

Cale de halage pour petites embarcations avec 4 files de rails, 8 chariots et un cabestan à eau comprimée . . . 1

Ateliers de construction pour les réparations: l'un pour le travail des bois, l'autre pour les métaux; surface couverte. . . . . 2.400^{m2}

3° Déplacement et reconstruction des deux cales de l'Arsenal de la marine.

(pour mémoire)

4° Déblais à exécuter pour le creusement des darses et à employer pour les remblais des terre-pleins, etc.

Dragages des fouilles d'ouvrages et creusement des darses pour obtenir partout les profondeurs d'eau indiquées. . . . . 2.750.000^{m3}
Dérochement pour le creusement de la darse aux charbons sous les bassins de radoub, et approfondissement près de la gare du chemin de fer à Santa-Apolonia. . . . . . 420.000^{m3}

TOTAL. . . . . 3.170.000^3

5° Remblais pour la formation des terre-pleins.

Enrochements devant et derrière les murs de quai pour atténuer la pression latérale des terres. . . . . 1.729.800^{m3}

Enrochements plus petits ou débris de carrières à utiliser en arrière des enrochements . . . . 800.000^{m3}

Remblais divers consistants et pierreux à apporter du dehors pour compléter, environ . . . . 5.000.000^{m3}

TOTAL . . . . . 7.529.800^{m3}

6° *Pavage des quais.*

Pavage des quais de rive sur 30 mètres de largeur et des quais des darses sur 15 mètres de largeur, ensemble environ. . . . . 204.600 ㎡

7° *Chaussées empierrées.*

Chaussées empierrées sur 0ᵐ,25 à 0ᵐ,30 d'épaisseur dont 0ᵐ,15 en pierres de basalte, cylindrées, et la partie inférieure en matériaux moins durs. . . . . 238.000 ㎡

8° *Appareils de manutention à eau comprimée.*

Machinerie et atelier de réparations construits sur un terrain gagné à la Roche d'Obidos, composés principalement de deux machines à vapeur d'ensemble 250 chevaux, deux compresseurs principaux et deux compresseurs accessoires, avec dix chaudières de 80ᵐ de surface de chauffe, timbrées à 5 kilog, et les accessoires de service, les batiments. . .   1

Conduite principale d'eau comprimée, de 140 ᵐ/ₘ de diamètre 1.050ᵐ
Conduite moyenne d'eau comprimée de 113 ᵐ/ₘ de diam.   1.150ᵐ
—   —   —   80 ᵐ/ₘ —   1.700ᵐ
Conduite d'eau comprimée aux appareils divers 62 ᵐ/ₘ   2.750ᵐ
—   —   —   40 ᵐ/ₘ   600ᵐ
Conduite de retour d'eau de 0,20 cent de diamètre .   1.500ᵐ
—   —   0,15 à 0,08 —   .   5.750ᵐ

TOTAL. . .   14.500ᵐ

Mâture fixe, avec moteur hydraulique, à installer sur le quai pour lever, embarquer ou débarquer 100 tonnes, avec une portée de 9 mètres hors du quai et 4 mètres sur le quai.   1

Grues fixes, avec moteurs hydrauliques, à 4 forces, de 2,500 à 10,000 kilog., à installer sur le quai d'armement et à la grande darse (ou autrement)   2

Grues roulantes sur chariot, embrassant la voie des

wagons, susceptibles de porter à 8 mètres hors de quai pour lever à volonté 1,250 à 5,000 kilog. et charger les wagons . . . .   5.

Grues roulantes de 1,500 ou 3,000 kilog. de force, montées sur chariot circulant sur les voies de chemin de fer, portant à 7 mètres hors du quai   5

Cabestans de 2,500 et 5,000 kilog. de traction, montés sur les musoirs pour le halage des navires à l'entrée comme à la sortie ou au bassin de radoub.   8

Cabestans pour la manutention des wagons, des plaques tournantes et des chariots transbordeurs, d'une force de 500 kilogr.   6

Installations diverses de manutention dans les ateliers.   (Mémoire)

9° Construction du chemin de fer.

La plate-forme sera obtenue pour la plus grande partie par les remblais à effectuer. La partie seule de la Roche d'Obidos à la gare d'Alcantara sera à surélever et à construire sur une longueur de 1,200 mètres environ qui comprendra :

Cavalier en remblai sur une longueur de 500 mètres, soutenu par des murs . . . .   (Mémoire)

Passage inférieur pour piétons, de 12 mètres d'ouverture, en fer, sur culées et colonnes.   1

Passages inférieurs en fer sur culées et colonnes, de 20 mètres d'ouverture pour une rue nouvelle et la rue du 24-Juillet   2

Passage inférieur pour la rue de Livramento.   1

Ouverture de la voie à travers les propriétés bâties, entre la rue du 24-Juillet et la gare d'Alcantara . . . .   (Mémoire)

Pont roulant établi sur l'entrée du bassin de radoub de l'Arsenal, pour deux voies, avec les accessoires nécessaires pour la manutention.   1

Voie provisoire posée et déposée pour la jonction suivant les lignes actuelles des quais et à supprimer après l'établissement des voies définitives. . . . .   3.000^m

Voies définitives pour le raccordement, dont 1,000

mètres environ en voie unique, et 4,000 mètres en voie double, entre la gare Santa-Apolonia et la Roche d'Obidos, soit ensemble . . . . 9.000^m

Ballastage des voies définitives environ. . . . . . . 18.000^m

Grille de clôture en fer posée sur des dés en pierres env. 6.000^m

Postes d'aiguilleurs et de surveillance pour l'exploitation. 3

Pavage des passages à niveau et contre-rails. . . . . (Mémoire)

Voie simple à poser sur les quais, pour la manutention des marchandises, voies de garage, de triage et d'accès aux terrains industriels environ . . . . 26.000^m

Ballastage de ces voies . . . . 52.000^{m3}

Croisements simples ou en diagonale. 10

Changements de voie à une aiguille pour deux voies . 50

—   — à deux aiguilles pour trois voies. 10

Plaques tournantes. 10

Ponts roulants pour translation latérale des wagons . 10

10° Égouts.

Grand collecteur de 7^{m2},25 de section moyenne. Type A. à exécuter de la place du Commerce à Alcantara . . . . . 9.500^m

Déversoirs sous le sol. Type B, de 1^{m2}96 de section. . . 1.300^m

Égouts dans la partie supérieure des murs de quai. Type C, de 2^m,50 de section. . . . . 9.320^m

Égouts réunissant les eaux ménagères et pluviales sur les nouveaux terrains. Type D, de 2^{m2},32 de section. . . . . . 4.800^m

Égouts secondaires des rues nouvelles pour les eaux ménagères et pluviales. Type E de 0^{m2},69 de section . . . . 10.600^m

Tuyaux de drainage pour assainir la surface des quais, de 0^m,30 de diamètre. . . . . 9.500^m

Branchements de regard pour le collecteur. Type A . . 10

—   d° — pour les déversoirs. Type B . . 13

—   d° — pour les égouts. Type C . . 20

—   d° — — d° — Type D . . 48

—   d° — — d° — Type E . . 200

Branchements de bouches sous trottoir pour le Type A . .   70

  —   d°   —   — d° — pour le Type B . .   13

  —   d°   —   — d° — pour le Type D . .   90

  —   d°   —   — d° — pour le Type E . .   200

Puisards maçonnés, avec grille métallique mobile, pour le drainage de la surface   315

11° Appontements d'embarquement.

Pontons en fer de 30ᵐ de longueur et 8ᵐ de largeur, garnis en bois sur le pont, avec les accessoires   4

Passerelles en fer avec plancher en bois pour la facilité de l'accès. Longueur 25ᵐ, largeur 3ᵐ.   4

12° Signaux sémaphoriques.

Installations diverses pour les officiers de port, pilotes etc.; services accessoires à organiser à mesure que le port prendra de plus grands développements. . . . .   (Mémoire)

CHAPITRE V

Programme à suivre pour l'exécution des Travaux.

Les travaux du port de Lisbonne devront être conduits de telle façon qu'il en résulte des améliorations successives, s'ajoutant les unes aux autres, troublant le moins possible le trafic du port et ne lésant pas les intérêts des particuliers.

Dans ce but, il nous a paru utile de commencer par l'assainissement et la *liaison, provisoire d'abord*, puis définitive, des gares des chemins de fer. Cette liaison permettrait d'apporter rapidement une grande partie des remblais de bonne qualité, qui sont nécessaires pour son établissement et concourrait énergiquement à sa prompte installation.

Pour écarter les difficultés de détail, il sera utile de chercher immédiatement un moyen d'entente avec l'Arsenal, pour le passage du chemin de fer à travers ses installations. Une voie unique, installée sur des charpentes, et un pont provisoire, suffiraient momentanément.

L'entente avec la douane, pour ne pas gêner ses opérations, serait d'autant plus facile que cette administration aurait immédiatement de grandes commodités pour l'arrivée des wagons devant les magasins.

D'ailleurs, on pourrait favoriser cette dernière administration par la prompte construction des quais de la Darsette qui lui est destinée, et ne toucher aux installations actuelles que lorsqu'elle aurait au moins l'équivalent en ouvrages nouveaux.

La construction, même partielle, du collecteur, permettrait de recueillir immédiatement les eaux des égouts dont les remblais du chemin de fer empêcheraient l'écoulement si l'on ne faisait, au préalable, des ouvrages provisoires très couteux et sans utilité ultérieure.

Ces travaux préliminaires et la préparation des autres constructions, pourraient employer les *deux premières années* qui seront aussi utilisées pour la présentation et l'approbation des projets définitifs de tous les ouvrages.

Pour plus de clarté, nous résumons approximativement les travaux à exécuter chaque année :

1re année.

Etudes définitives des grandes lignes ;

Entente sur le programme général avec les Administrations diverses ;

Ouverture de carrières ;

Construction du matériel ;

Commencement de la construction du chemin de fer de jonction ;

Apport de remblais,

2e année.

Construction de l'égout collecteur et ramification des égouts ;

Continuation de la construction de la voie de jonction ;

Apport de remblais ;

Approvisionnement de matériaux, de matériel et commencement des ouvrages des quais.

3e année.

Le chemin de fer de jonction peut être exploité.

Apport de remblais et de matériaux de construction ;

Continuation de l'égout collecteur et autres ;

Construction de 600^m du quai de rive en face de la station de Santa-Apolonia ;

— d° — 250^m de quai à la darse de l'entrepôt ;

— d° — 250^m de quai à la darse de la Douane ;

Total . . 1.100 mètres de quai.

Commencement de la construction des bassins de radoub.

4e année.

L'égout collecteur sera achevé et en fonction normale.

Continuation des remblais pour les terre-pleins ;

Construction de 300^m de quai de rive jusqu'à la darse de l'entrepôt ;

— d° — 200^m de quai à l'Arsenal ;

— d° — 300^m de quai à la darse des Pêcheurs ;

— d° — 400^m de quai à la grande darse ;

Total . . 1.200 mètres de quai.

Construction des nouvelles cales de l'Arsenal ;

Continuation des bassins de radoub ; préparation des machines.

10

5e année. Continuation des remblais pour les terre-pleins ;

Construction de 1,250 mètres de quai de rive, jusqu'à la darse de l'Arsenal, dont une partie à deux faces ;

Achèvement du premier bassin de radoub et du montage des machines d'épuisement ;

Organisation des machines des compresseurs et *commencement de l'utilisation des quais ;*

Pont roulant sur l'entrée du bassin de radoub de l'Arsenal ;

Installation des voies sur les quais ;

Mise en vente des terrains gagnés de l'entrepôt et de la douane, ou bien mise en valeur au profit du port ;

6e année. Continuation des remblais des terre-pleins ;

Construction de 500 mètres de quai de rive, jusqu'à la darse des Pêcheurs ;

— d° — 250 mètres de quai, pour achever la darse des Pêcheurs ;

— d° — 300 mètres de quai, pour l'intérieur de la grande darse ;

— d° — 217 mètres de quai, pour l'achèvement de la darse de l'Arsenal, dont une partie double :

TOTAL 1.267 mètres de quai.

Continuation des bassins de radoub ;

Installation des voies ferrées sur les quais ;

Mise en vente des terrains de la place Vasco de Gama.

7e année. Continuation des remblais des terre-pleins ;

Construction de 500 mètres de quai de rive, comprenant les musoirs de la grande darse ;

Construction de 325 mètres de quai ; achèvement de la darse des Pêcheurs ;

— d° — 400 mètres de quai ; continuation de la grande darse ;

TOTAL 1.225 mètres de quai.

Continuation des bassins de radoub ; *Mise en service de la darse des Pêcheurs.*

Installation des voies ferrées sur les quais ;

8e année. Continuation des remblais des terre-pleins ;

Construction de 1.000 mètres de quai de rive ;

— d° — 240 mètres de quai de rive à la grande darse ;

TOTAL 1.240 mètres de quai.

Continuation des bassins de radoub. *Mise en service du Grand Bassin.*
Mise en vente des terrains de la Roche d'Obidos.

9ᵉ année. Continuation des remblais des terre-pleins ;

Construction de 500 mètres de quai de rive comprenant l'entrée du Bassin aux charbons ;

Construction de 700 mètres de quai intérieur de la darse aux charbons.

TOTAL. . 1.200 mètres de quai.

Construction du plan incliné et des ateliers de réparation.

Mise en vente des terrains d'Alcantara.

10ᵉ année. Achèvement des remblais des terre-pleins ;

Achèvement des quais extérieurs, ci. . . .   400 mètres

— dᵒ — intérieurs, ci. . . .   525 —

TOTAL. . . . . . .   925 mètres de quai.

Travaux d'assainissement des surfaces, etc.

Il est possible, au cours de l'exécution, qu'il soit nécessaire de modifier ce programme, pour satisfaire certaines obligations ou des nécessités qui nous échappent ; mais cela n'influera pas sur la marche générale des travaux.

La construction des égouts, le pavage des quais, l'installation des voies ferrées et des chaussées, suivra, selon les besoins, l'avancement des quais et des terre-pleins.

Les travaux de dragage pour le creusement des fouilles, l'approfondissement des darses et le dérochement à effectuer pour obtenir la profondeur à la darse aux charbons, seront exécutés également de façon à répondre aux besoins du développement des nouvelles installations maritimes.

Paris, 15 Décembre 1885.

TABLE DES MATIÈRES

CHAPITRE IV

CHAPITRE V

PORT DE LISBONNE

NOMENCLATURE DES PLANS

IMPRIMERIE CENTRALE DES CHEMINS DE FER. — IMPRIMERIE CHAIX. — RUE BERGÈRE, 20, PARIS. — 28812-5.

www.ingramcontent.com/pod-product-compliance
Lightning Source LLC
Chambersburg PA
CBHW071234200326
41521CB00009B/1470